무기가
되는
알고리즘

무기가 되는 알고리즘

조직을 구하는 리더의 60일 업무 프로세스

Productivity

Messaging

Communication

Management

Execution

Leadership

도널드 밀러 지음 ◆◆◆ 유정식 옮김

BUSINESS MADE
SIMPLE

윌북

이 책의 내용을 더욱 자세하고 효율적으로 습득할 수 있는
60일 코스의 동영상 서비스가 무료로 제공된다.
도널드 밀러가 직접 설명하는 동영상을 보려면 BusinessMadeSimple.com/Daily 에 접속하거나
videos@businessmadesimple.com에 내용 없는 이메일을 보내면 된다.

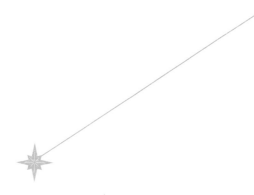

"자유로운 자들만이 교육받을 수 있다고 말하는 대중을 믿지 말라.

교육받은 자들만이 자유로울 수 있다고 말하는 지혜로운 자를 믿어라."

— 에픽테토스Epictetus, 『담화록Discourses』, 2.1.21~23a

업무 알고리즘은
당신을 가치 지향 전문가로 만든다

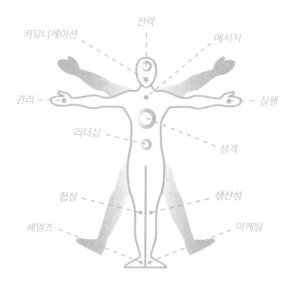

구성원이 한 명이든 수백 명이든 조직을 이끌고 관리하는 모든 사람은 가치 지향 전문가가 되어야 한다. 가치 지향 전문가는 짧은 시간에 많은 일을 처리하고, 적은 스트레스를 받으며 일의 명확성을 높이고, 자기 자신과 팀원들을 위해 더 많은 가치를 창출하는 사람이다.

리더의 성격 특성과 비즈니스에서 반드시 알아야 할 핵심 역량 열 가지를 체계화한 업무 알고리즘은 당신을 가치 지향 전문가로 만든다. 60일에 거쳐 완성될 업무 알고리즘은 누구에게도 뺏기지 않고 어떤 변화가 와도 당신과 팀을 지키는 무기가 된다.

차례

들어가며

당신의 경제적 가치를 향상하라

일, 사랑, 우정, 인생에서 성공하길 원한다면, 주변 사람들이 당신에게 투자한 것에서 커다란 수익을 얻도록 하라. 혼자 일하든 회사를 위해 일하든, 고객이나 상사에게 믿을 수 없을 정도의 엄청난 투자 수익을 안겨주는 것이 개인이 부를 축적하는 일의 핵심이다. 내가 경영하는 회사의 팀원들은 모두 멋진 투자자산이다. 그렇지 않았다면 그들은 절대 채용되지 못했을 것이다.

당신이 이 글을 읽는 순간에도 기업들은 경제적 투자가치가 높은 구성원, 즉 가치 지향 전문가들을 찾아 나서고 있다. 이 책에서 배울 리더로서의 마인드와 비즈니스의 핵심 역량을 담은 업무 알고리즘은 당신을 가치 지향 전문가로 탈바꿈시킨다. 자유 시장에서 당신의 가치는 극적으로 향상되며 당신의 분야에서 최고의 위치에 올라서게 된다. 사람들이 당신에게 맡긴 시간, 에너지, 돈에 보답할 수 있는 사람이 되어야 한다.

내가 소유주이긴 하지만 나 또한 가치 지향 전문가가 되어야 한다. 나와 우리 회사의 제품이 경제적 투자가치가 없으면 나의 경력과 우리 회사는 망해버릴 테니 말이다.

1970년대에 교외 주민들에게 치약을 판매하려고 어떻게 광고 캠페인을 벌였는지를 배우는 대신, 팀을 관리하고 제품을 출시하며 효율이 더욱 높아지도록 프로세스 전체를 개선하는 법을 배웠더라면 어땠을까? 당신이 회사에 수많은 돈을 안겨주는 방법을 알았다면 자유 시장에서 당신의 가치는 얼마나 더 커졌을지 생각해봤는가?

많은 사람이 실용적이고 실제적인 비즈니스 교육을 받지 않은 탓에, 일을 수행하는 데 필요한 자질을 갖췄는지 스스로 의심하고 언젠가는 사기꾼으로 몰리지 않을까 걱정까지 한다. 그렇다고 학교로 돌아가는 것은 비용과 시간을 엄청나게 소모하는 길이다. 학교에 되돌아간다 한들 비즈니스에 유용한 지식을 배울지, 아니면 치약 광고 같은 것을 다시 배울지 누가 알겠는가?

아마도 당신이 대학을 다닐 때는 밤샘 파티, 응원 열기로 뜨거운 축구 경기, 친구와 탁구를 즐기던 시간, 내내 졸았던 '국제 마케팅 트렌드' 강의 시간, 시험에 나올 만한 문제를 알아내고자 했던 스터디 모임 같은 것들이 자유 시장에서 당신의 가치를 높여주리라 생각했을 것이다. 하지만 결과는 그렇지 못했다. 유익한 비즈니스 교육을 받으려고 천문학적인 돈을 쓸 필요는 없다. 비즈니스의 성공으로 이어질 수 있는 실용적 스킬을 습득하는 데만 집중하면 된다. 이 책은 당신의 가치를 높여줄 것이다.

전문가로서 당신이 지닌 실질적 가치는 무엇인가? 조직에 엄청난 가치를 안겨줄 수 있는 자의 성격 특성과 스킬을 당신은 갖추었는가? 이 책은 어떤 조직에 몸담고 있든지 간에 스스로 역량을 키우고 자립하며 실용적인 스킬을 지닌 자로 당신을 변모시킬 것이다. 이 책으로 당신의 가치를 송두리째 바꿔놓길 바란다. 단 2개월 안에, 경영대학원에 수만 달러를 지불하여 배우는 내용과 동일한 수준의 비즈니스 교육을 받을 수 있다.

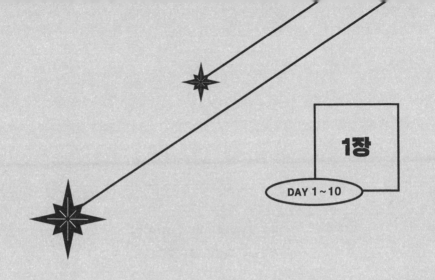

리더라면 갖춰야 할
열 가지 성격 특성

"어떤 상황에서도 지켜야 할
태도와 마인드가 있다."

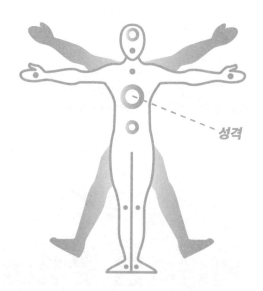

성격

성격

가치 지향 전문가가 갖춰야 할 열 가지 핵심 역량을 모두 알아도 성격이 나쁘면 아무 소용없다.

만약 성격에 치명적인 결함이 있다면 우리는 비즈니스와 인생에서 실패를 면치 못한다. 그리고 가치 지향 전문가도 절대 되지 못하리라.

설령 회사에 돈을 벌어다 줄 수 있다 해도 성격에 문제가 있다면 결국 우리가 이룬 모든 성과를 잃게 될 것이다. 앞으로 2주에 걸쳐 고객과 동료에게 어떻게 하면 가치를 전달할 수 있는지 알아보자.

가치 지향 전문가가 되려면 어떤 성격 특성이 필요할까?

청렴함과 철저한 직업 윤리 말고도, 성공한 사람들은 그러지 못한 사람들과 비교해 무엇이 다를까? 일터에서 높은 경제적 가치를 지닌 자들은 낮은 경제적 가치를 가진 사람들과 무엇이 다를까?

탁월한 능력을 발휘하는 사람은 평범한 사람들과 다른 눈으로 자기 자신을 바라본다. 자신을 다르게 보기 때문에 남들과 다르게 행동한다.

작가로서 나는 세상에 엄청난 가치를 전달하는 자들과 이야기를 나누는 특권을 누렸다. 몇몇은 유명하지만 몇몇은 당신이 들어본 적 없는 사람일 것이다. 하지만 그들은 모두 자신의 분야에서 출중한 능력을 발휘하고 있다. 국가 원수, 전문 코치, 발명가, 탁월한 기량을 지닌 운동선수, 사회정의를 실현한 영웅들이다. 그들에게서 발견한 공통점은 어디를 가든 그들은 자신의 가치를 높이기 위해 비범한 성격 특성을 구현해야 한다는 사실을 적극 수용했다는 것이다.

앞으로 10일 동안(2주 동안) 이어지는 주제는 가치 지향 전문가들이 동일하게 가진 성격 특성이다.

그 성격 특성들이 뭔지 알게 되면 아마도 당신은 놀랄 것이다.

성실, 노력 등 상식처럼 알던 것과는 사뭇 다르기 때문이다. 성공하는 데 성실과 노력이 중요하긴 하지만, 가치 지향 전문가들이 지닌 성격 특성들이 그보다 더 중요하다.

내가 인터뷰했던 성공한 사람들은 하나같이 자기 자신을 시장에서 사고 팔리는 '경제적 상품'으로 간주했다. 그들은 모두 엄청나게 행동 지향적이었다. 그들 중 누구도 갈등을 유발하는 문제를 품고 있지 않았다. 특히 정의나 불평등에 관해서는 더욱 그랬다. 그들은 사람들이 자신을 좋아하기보다 존경하기를 바랐다. 이 외에 여러 가지 공통점들이 있었다.

나는 이를 '가치 지향 전문가의 열 가지 성격 특성'이라고 부를 것이다.

당신이란 존재는 시장에서 실질적 가치로 전환될 수 있는 능력을 발휘하는 상품이다.

가치 지향 전문가의 열 가지 성격 특성은 누구나 배울 수 있다.

이 책과 함께하는 첫 10일은 당신에게 놀라움과 통찰, 영감을 줄 것이다.

스스로를 경제적 상품으로 바라보라

성공한 사람들은 자신을 어떻게 바라볼까? 그들은 스스로를 자유 시장에서 거래가 이루어지는 경제적 상품으로 여긴다. 앞의 '들어가며'에서 언급했듯이 그들은 사람들에게 높은 투자 수익을 안겨줘야 한다는 것에 집착한다.

자신을 경제적 상품으로 여겨야 한다는 말이 지나치게 실리적으로 들릴 수도 있다. 하지만 이 단순한 패러다임이 일터에서 승리를 거머쥐게 해주는 열쇠다.

인간의 본질적 가치가 경제적 상품이 되느냐 마느냐에 달렸다는 말이 아니다. 나는 현대 경제라는 생태계에서 당신의 가치가 무엇이어야 하는지 이야기하고 있다.

훌륭한 투자에 빠져 있는 사람은 더 많은 투자를 유치하고 본인도 더 많은 경제적 가치를 누린다.

이것은 진리다. 당신이 경제 생태계 내에서 더 높은 경제적 가치를 제공하면 더 많은 연봉과 더 높은 직책을 얻으며, 가치를 얻으려는 고객에게서 더 많은 사랑을 받을 것이다.

마찬가지로 자기 자신이 자유 시장에서 거래되는 경제적 상품이라는 개념을 거부하는 사람은 투자를 유치하지 못하며, 사람들에게 높은 투자 수익을 선사하여 얻는 이득을 누리지 못할 것이다.

전부는 아니겠지만 당신이 존경하는 사람들 대부분은 타인에게 엄청난 투자 수익을 선사하고 있다. 당신은 최선을 다하는 운동선수를 좋아하기에 그들의 경기를 보려고 기꺼이 비용을 지불한다. 당신은 당신을 웃기고 울리는 배우를 좋아하기에 그들의 연기를 감상하는 데에 더 많은 돈을 낸다. 또한 당신은 당신의 여러 문제를 척척 해결해주는 제품과 그것을 판매하는 기업을 좋아한다.

이러한 하이퍼모머high-performer들처럼 당신도 스스로 멋진 투자 상품이 될 수 있다.

일과 삶에서 성공하려면 자신이 가치 있는 투자 상품임을 증명해야 한다.

직장에서 상사는(혹은 고객은) 당신을 대체로 경제적 투자 상품으로 간주한다. 이런 시각이 잘못은 아니다. 오히려 어떤 사람들은 그런 시각으로 보는 것이 솔직한 관계라고도 말한다. 당신의 친구들은 당신에게 돈을 지불하지 않는다. 직장과 고객이 돈을 준다.

고용주가 생각하는 드림팀의 팀원은 상사에게 5배 이상의 투자 수익을 안겨주려고 적극적으로 노력하는 사람이다. 미친 소리로 들리겠지만, 팀원 한 사람이 5배 이상의 투자 수익을 내더라도 간접비용과 부대비용을 제해야 하기 때문에 회사로서는 겨우 이익을 내는 수준이다. 만약 연봉으로 5만 달러를 받는다면 회사에 적어도 25만 달러를 벌어다줘야 한다. 그래야 회사가 건강하게 성장할 수 있다.

좋은 회사라면 경력을 쌓으며 꾸준히 가치를 제공하는 당신에게 보답하며 당신을 승진시키고 더 많은 연봉을 지급할 것이다. 그러면 당신은 그들이 투자한 것의 몇 배를 돌려주려고 노력하게 된다.

똑똑한 기업 소유주나 팀원들은 고객이나 협력 업체들이 더 많은 돈을 벌도록 하는 방법을 늘 찾으려 한다. 그리하여 그들은 계속해서 더 큰 가치를 인정받는다.

이는 팀원뿐만 아니라, 작가이자 사업가인 나에게도 해당된다. 나의 성공 여부는 오직 다른 이들이 더 많은 돈을 벌 수 있는지에 달렸다. 하지만 나는 그 돈의 일부만을 내 수고의 대가로 가질 수 있다.

그렇다면 어떻게 해야 엄청나게 성공할 수 있을까? 그 방법은 바로 다른 이들을 엄청나게 성공시키는 것이다!

불편한 진실은 자신이 받는 투자에 최소한 5배의 수익을 벌어들이지 못하는 팀원들이 바로 재무적으로 리스크라는 점이다. 즉, 당신이 회사에서 어떤 직책을 맡게 되면 상사는 자신의 경력과 생계를 당신의 성과에 말 그대로 베팅한다.

성공의 열쇠는 가능한 한 최고의 투자 상품이 되는 것이다. 주식 포트폴리오를 관리할 때 어떤 주식이 지속적으로 나머지 주식을 능가한다면, 당연히 그 주식에 더 많은 돈을 배정해야 한다. 승진시킬 팀원을 결정할 때도 마찬가지다. 리더는 항상 최고의 투자 수익을 가져다주는 팀원에게 더 많은 자원을 배정한다.

인텔의 전 CEO 앤드루 그로브Andrew Grove는 자신의 책 『하이 아웃풋 매니지먼트』에서 이렇게 말했다. "어디에서 일하든지 간에 당신이 그저 단순한 직원이 아니라는 사실을 받아들여야 한다. 당신은 '나'라는 한 명의 직원을 둔 일종의 사업체다. 당신은 비슷한 업무를 담당하는 수많은 사람들과 경쟁해야 한다. 세계로 시각을 넓히면, 당신과 똑같은 업무를 훌륭히 수행하면서도 열의까지 더 높은 수많은 사람이 존재한다."

당신이 일하는 조직에서 당신의 경제적 가치를 분명히 보여줄 수 있는가? 당신은 당신의 연봉 5배 수익을 회사에 벌어다 준다고 생각하는가? 그렇다면 성공할 것이다. 모든 사람은 좋은 투자를 추구하고 나쁜 투자를 떨쳐낸다. 이는 자연법칙에 가깝다.

당신이 회사를 소유했다면 고객이 투자 자본 수익을 얼마나 가져가는지 계산할 수 있는가? 당신이 판매하는 페인트가 더 오래 유지되는가? 당신이 정리한 마당이 고객의 시간을 절약하고 고객에게 집에 대한 자부심을 심어주는가?

만약 당신이 수익을 내는 투자 상품이라면, 당신은 업체들에게서 러브콜을 받을 것이고 더 많은 권한과 책임, 더 높은 위치, 더 많은 보상을 부여받을 것이다.

성공적인 비즈니스 리더들은 자신의 삶을 지휘함으로써 스스로 훌륭한 투자 상품이 된다. 당신 역시 그렇게 자신의 삶을 지휘해야 한다.

Point !

가치 지향 전문가는 자기 자신을 자유 시장에서 거래되는
경제적 상품으로 간주하고 사람들에게 높은 투자 수익을
안겨주는 데 집중한다.

스스로를 패배자가 아닌
히어로로 여기라

만약 당신이 누군가를 보고 저 사람이 인생에서 성공할지 실패할지 예측해달라고 나에게 묻는다면, 나는 이런 질문을 하나 던질 것이다. "그는 얼마나 자주 자신을 패배자로 여기는가?"

여기에서 패배자란 어떤 뜻일까? 자신의 삶이나 미래를 통제할 수 없는 것처럼 말하는 자, 불운한 운명을 타고났다고 믿는 자, 자신의 실패가 다른 사람들의 책임이라고 여기는 자, 시장이나 날씨 혹은 천체의 움직임이 자신의 성공을 막으려 음모를 꾸민다고 믿는 자를 말한다.

만약 그렇게 생각한다면, 그는 절대 성공하지 못할 것이다.

물론 많은 사람들이 정말로 피해자이고 박해를 받는다. 하지만 패배자와 히어로 간의 차이는 도전과 박해에 어떻게 대응하는가에 있다. 패배자는 납작 엎드리지만 히어로는 일어나 맞서서 성공을 이루어낸다.

나는 가난한 집안에서 자랐다. 정부가 마련해준 집에서 어린 시절을 보냈다. 정부가 나눠주는 음식을 받기 위해 줄을 서야 할 정도로 우리 가족은 경제적으로 힘들었다. 어렸을 때 아버지는 아무런 말도 없이 집을 떠났고, 어머니는 입에 풀칠을 하기 위해 오랜 노동을 감수해야 했다. 퇴직 시점에 가까워져서야 겨우 최저 생활 임금을 벌 수 있었다.

하지만 나와 여동생을 키우는 동안(고백하건대 그때 나는 패배주의에 젖어 있었다) 어머니는 놀라운 일을 감행했다. 50대 후반에 어머니는 대학교에 입학했고 석사 학위까지 취득하고서 은퇴했다. 왜 그랬을까? 무언가 성취할 수 있음을 당신의 자녀들이 깨닫기를 바랐기 때문이었다. 어머니는 나와 여동생이 패배자 출신이라고 믿기를 원치 않았다. 나와 여동생은 어머니를 따라 우리 자신을 패배자가 아닌 '임무 수행에 매진하는 히어로'로 바라봄으로써 변화를 꾀할 수 있었다.

절대로 누군가가 당신을 패배자라 몰아세우며 억압하게 놔두지 말라. 당신이 스스로를 패배자로 본다면, 사람들은 그런 당신을 위로하며 애석해하겠지만 속으로는 '난 참 다행이야'라고 느낄 것이다. 그리고 당신은 당신 스토리의 주인공이 아니라 주변 인물이 되어버린다.

이 세상에서 성공할 권리를 얻기 위해 싸워라. 그러면 수백만 명이 당신을 도와주고 함께 싸울 것이다. 사람들은 히어로의 임무에 동참하기를 좋아한다.

성공한 사람들을 관찰하면, 대부분이 자신이 패배자라는 인식을 강하게 거부한다는 사실을 발견할 것이다. 이는 당연하다.

어떤 스토리든 패배자는 주변 인물에 지나지 않는다. 패배자는 악당을 나쁘게 보이고 히어로를 훌륭하게 돋보이기 위해서 존재한다. 그것뿐이다. 패배자는 스토리 말미에 이르러서도 성장하지 못하고, 변화하지 못하며, 탈바꿈은 고사하고 누구에게도 어떠한 인정도 받지 못한다. 이것이 패배자를 연기하지 말아야 할 여러 이유 중 하나다.

여기에서 내가 말하는 '패배자'는 '패배자가 전혀 아닌데도 패배자처럼 구는 사람들'을 의미한다. 애석하게도 주변에 그런 사람들이 정말 많다.

패배자는 탈출구가 없는 캐릭터다. 사람들은 힘들어지면 '패배자 모드'로 돌입하는 경향이 있다. 동정을 바라거나, 자신의 행동에 책임지고 싶지 않을 때도 그렇다.

때때로 자신의 결점에 대해 자기 자신이 아니라 자신을 둘러싼 상황을 탓하려고 패배자처럼 굴곤 한다. 무언가를 성취하기 위해 충분히 노력하지 않고서 그저 도구나 동료, 혹은 짧은 일정을 탓한다. 사실은 조금만 더 노력했더라면 충분히 해낼 수 있었는데도 말이다.

패배자를 연기하는 것이 좋은 선택처럼 보일지 모른다. 패배자들은 결국 자신의 일을 감당하지 못하기에 포기를 선언하곤 하는데, 그렇게 하면 자원을 끌어모을 수 있고 어쩌면 일을 대신 해줄 구원자까지 끌어들일지도 모르기 때문이다.

문제는 그러한 효력이 오직 한 번만 발휘된다는 점이다. 주변 사람들은 '거짓 패배자들'에게 염증을 느낀다. 매번 그들의 일을 대신 처리해줘야 하기 때문이다. 결국 진짜 패배자들은 자원과 시간을 빼앗아가는 거짓 패배자들에게 분개한다.

잠시라 할지라도 누구나 살면서 진짜로 패배자가 되곤 한다. 그러면 무엇을 해야 할까? 먼저 도움을 요청한 다음, 히어로로 다시 변신하는 데 필요한 힘을 모아야 할 것이다.

당신은 세상에서 가장 영향력 있고 삶에서 가장 성공한 사람들이 자신의 실수로부터 빠르게 학습하고, 도움을 청하기 전에 자신의 가치를 증명하려고 노력하며, 자신의 단점에 즉시 책임진다는 사실을 알게 될 것이다. 다음 기회에 본인의 능력을 증명하기를 희망하면서 말이다.

패배자들은 싸움에 뛰어들지 않는다. 패배자들은 타인을 구출하지 않는다. 패배자들은 힘을 끌어모으지 않고 압제자를 이기지도 못한다. 히어로만이 그런 일을 해낸다.

오직 당신만이 스스로 패배자인지 아니면 히어로인지를 결정해야 한다. 다른 사람들은 당신에게 정체성을 부여하지 않는다. 당신이 자신을 어떻게 인식하는가가 핵심이다.

당신은 스스로를 패배자로 바라보지 말아야 한다. 패배자로 보는 순간 개인의 발전은 끝날 것이다. 남들보다 더 많은 역경을 극복해야 하는 사람들이 있긴 하지만, 더 많은 것을 극복할수록 당신의 히어로 이야기는 더 위대해진다.

어려움에 빠져서 스스로를 패배자로 보려는 마음이 든다면 이것을 기억하라. 가장 멀리 여행하는 자가 마침내 누구보다 큰 힘을 얻는다! 싸움을 계속하라. 멈추지 말라.

고백하건대 나 또한 스스로를 패배자로 보지 않기 위한 싸움을 여전히 하고 있다. 사실 나는 나도 모르게 패배자의 사고방식에 종종 빠진다. 그래서 친구의 건설적인 비판을 수용할 때나 인터넷에서 악플을 볼 때마다, 나는 패배자가 아님을 다시금 스스로 상기한다. 이 세상에는 도움이 필요한 진짜 패배자들이 있다. 나는 세상을 바꾸는 임무를 수행하는 히어로이기에 더 많이 배우고 더 나아지려 노력한다. 나는 가치 지향 전문가로 사람들을 성장시킬 비즈니스 교육을 모두가 받아야 한다고 생각한다.

그렇기에 도전에 직면하여 내가 해야 할 일은 상처를 붕대로 감고 싸움을 이어가는 것이다.

당신도 그래야 한다. 패배자의 운명을 짊어지기엔 당신의 임무가 매우 중대하다.

히어로가 돼라.

Point /

가치 지향 전문가는 스스로를 패배자가 아니라
임무를 수행하는 히어로로 바라본다.

1장 리더라면 갖춰야 할 열 가지 성격 특성

흥분을 가라앉히는 방법을 터득하라

위대한 리더들에게서 당신이 발견할 공통점 중 하나는 바로 그들이 흥분을 천천히 가라앉히는 방법을 잘 안다는 점이다.

스스로 냉정함을 유지하고 주변 사람들이 냉정함을 유지하게 잘 도울수록 당신은 더 많은 존경을 받으며 더 높은 위치로 오를 것이다.

불필요한 흥분은 일반적으로 자기 자신에게 집중하려는 사람들에게서 나타난다. 어떤 사람들에게 흥분은 목적을 달성하는 방법이다. 사람들이 당신을 비판하지 않기를 바란다면 흥분하는 모습으로 그 비판에 과잉 반응하라. 그러면 사람들은 다시는 면전에서 당신을 비판하지 않을 것이다. 하지만 애석하게도 그렇게 흥분하는 모습을 보이면 사람들은 당신 뒤에서 하루종일 당신을 비판할 것이다.

쉽게 흥분하는 사람은 공간의 모든 에너지를 빨아들인다. 흥분하는 것은 무대 위의 배우라면 필요할지 모르지만 실생활, 특히 비즈니스 관계에서는 경력을 손상시키는 매우 위험한 특성이다.

모든 사람은 매일 일정량의 에너지를 소비한다. 그 에너지로 자신과 동료들의 요구, 자신이 아끼는 사람들의 요구를 충족시킨다. 하지만 흥분을 잘 하는 자는 타인의 에너지를 훔쳐가기 때문에, 주변 사람들은 자기 자신이나 타인을 배려할 여유가 사라져 버린다.

이런 이유로 감정을 과장하는 사람은 남에게 불쾌감을 주고, 사람들은 대부분 그에게서 멀어지려고 한다.

그렇다면 어떻게 해야 감정이 쉽게 격앙되지 않는 사람이 될 수 있을까?

핵심은 흥분의 적정치를 잘 판단하는 데 있다.

어떤 상황의 흥분 적정치를 1부터 10의 척도로 평가한 다음, 그 수치 혹은 그 이하로 흥분의 수준을 맞추면 균형 잡힌 사람이 될 수 있다.

만약 누군가가 본인의 개인 이메일을 확인하려고 당신의 컴퓨터를 사용하고 나서 로그아웃하는 걸 까먹었다고 하자. 만약 당신이 화가 나 컴퓨터를 바닥에 내동댕이친다면 흥분 적정치를 크게 초과하는 것이다. 한마디로 과잉 반응이다.

사람들은 흥분 적정치보다 낮게 반응하는 자를 존경한다. 침착함을 유지하고 감정을 가라앉힘으로써 정말로 중요한 상황에 필요한 결정적 에너지를 낭비하지 않는 자를 신뢰한다.

그렇다면 어떻게 흥분을 가라앉힐까?

흥분되는 상황에서 스스로에게 던져야 할 결정적인 질문은 바로 이것이다. "침착하고 신중한 사람들은 이런 상황을 어떻게 대처할까?"

감정을 잘 다룰줄 아는 사람들은 감정적으로 반응하게 되는 상황에서 스스로 빠져나온다. 쓰인 대본대로 행동하기보다 자신이 직접 대본을 쓰는 것이다.

한번은 친구가 자신의 아내와 말다툼을 하다가 그 상황을 제3자의 시각으로 바라본 적이 있다고 내게 말했다. 그는 장면 속의 자신이 흥분을 주체하지 못하는 바보라는 사실을 깨달았다. 그는 감정을 가라앉히고 아내에게 자신의 행동이 조금 당혹스럽다고 고백하며 잠시 시간을 달라고 했다. 몇 분 후에 그는 아내에게 다가가 사과했다.

두 사람이 화해한 후에 아내는 말다툼에서 이길 때까지 싸우기보다 흥분을 가라앉히는 친구의 모습을 보며 그를 더욱 존경하게 됐다. 친구는 이런 변화에 크게 놀랐다.

사실 누구도 감정의 노예가 될 필요는 없다. 감정이 곧바로 행동이 될 필요도 없다.

압박감 속에서도 냉철함을 유지하고 흥분을 가라앉히는 자가 사람들의 존경을 받고 리더로 선택된다.

Point /

가치 지향 전문가는 흥분을 가라앉힐 줄 안다.

피드백을 선물로 받아들이라

아기가 태어나면 사람들은 놀라운 표정으로 아기에게 몰려든다. 모두가 아기를 안고 칭찬하며 아기의 탄생을 축하한다. 왜 그럴까? 갓 태어난 아기만큼 무조건적인 사랑을 받을 만한 존재는 없기 때문이다.

하지만 아이가 나이를 먹을수록 사람들은 아이에게 많은 것을 요구한다. 아이는 무엇이 안전하고 위험한지, 무엇이 적절하고 부적절한지, 나중에는 무엇이 도덕적이고 비도덕적인지를 배운다.

유능한 어른으로 자랐느냐 아니냐는 피드백을 수용하는 능력에서 드러난다. 공로 없이 칭찬을 바란다면 아직 아이라는 뜻이다.

아이들은 그저 존재한다는 이유로 칭찬을 받지만, 어른이 되면 배우고 발전하며 타인에게 보답해야 한다는 기대를 받는다.

피드백을, 특히 요구하지 않은 피드백을 받아들이기가 때때로 힘들 수 있지만, 그럼에도 그것을 수용하는 능력이야말로 성숙하다는 증거이고 경쟁 우위를 제공하는 원천이다.

신뢰하는 멘토와 친구의 피드백을 수용할 줄 아는 사람은 자신의 사회적 능력과 전문성을 높일 수 있다.

세계에서 크게 성공한 사람들 상당수는 동료들로부터 피드백을 받는 나름의 루틴을 구축해 놓았다. 당신도 전문가로서 자신의 성과에 대해 피드백을 받는 루틴을 만들 수 있다. 어떻게 해야 일을 더 잘하고 마감 일을 좀 더 잘 준수하는지, 자신을 생산적이고 효율적으로 만들어줄 수 있지만 당신이 아직 알지 못하는 스킬이 있는지, 혹은 당신도 모르게 전문가답지 않은 행동으로 주변 사람들을 짜증나게 하는지 등을 조언받을 수 있다.

우리 회사 직원들은 모두 각자의 상사와 함께 매주 1회 스탠드 미팅을 하고 분기마다 한 번씩 성과를 점검한다. 솔직한 이야기가 오가는 이런 미팅에서 각자의 성과를 비판적으로 평가하므로 직원들의 향후 성과가 개선될 수 있다. 연말에 이르면 성과에 기초하여 각종 보상이 주어진다. 따라서 피드백을 수용하는 것이 개인의 경제적 가치와 직접 연관된다.

회사에 피드백을 주고받는 실행 시스템이 없다면, 함께 일하는 멘토나 동료와 분기에 한 번가량 만나는 일정을 세워라. 그들에게 피드백을 요청하라. 개선할 수 있는 부분을 지속적으로 물어보라.

일상에서 피드백 받기를 습관화하려면 다음을 기억하라.

1. 당신에게 가장 관심이 많은 사람을 선택하라.
2. 정기적으로 만나는 일정을 설정하라(매 분기 혹은 매월).
3. 다음과 같은 질문을 매번 던져라.
   "내가 프로처럼 행동하지 않았던 때가 있나요?"
   "내가 무언가를 놓친 것 같다고 느낀 적이 있나요?"
   "내가 무엇을 개선할 수 있을까요?"

믿을 수 있는 친구의 솔직한 관찰은 '전문가 근육'을 키우는 데 큰 도움이 되는 영양소다.

　피드백을 받고 나서 혹시 빠뜨린 점은 없는지 마지막으로 물어보라. 전혀 예상하지 못했어도 개선을 위해 알아야 할 점이 있을 것이다.

　그들의 피드백에 감사하는 마음을 전하고 그 조언을 당신의 일에 적용하라. 스스로 변화하고 적절한 조치를 취하지 않는다면 좋은 피드백도 의미가 없다.

　피드백을 수용하고 삶에 적용하는 것은 개인적 성장과 직업적 성공을 이루기 위한 비밀 무기가 될 수 있다.

Point /

가치 지향 전문가는 신뢰하는 사람들에게 정기적으로
피드백을 받고 경력을 쌓는 데 그 피드백을 활용한다.

　　　　　　　　　　　　　1장　리더라면 갖춰야 할 열 가지 성격 특성

갈등에 개입하는 올바른 방법을 터득하라

갈등을 회피하는 사람은 리더로 선택될 가능성이 적다.

왜 그럴까? 모든 인간은 갈등을 헤쳐나가며 진보하기 때문이다. 갈등에 개입해 헤쳐나가지 않고서는 산을 오를 수도, 다리를 건설할 수도, 커뮤니티를 만들 수도, 비즈니스를 성장시킬 수도 없다.

긍정적인 야망은 언제나 저항에 직면한다.

관리자의 주된 역할은 갈등을 다루는 것이다. 불만이 있는 고객과 대면하거나, 성과가 저조한 직원을 해고하거나, 달갑지 않은 데이터를 보고하거나, 경쟁자와 맞서야 한다. 갈등을 회피한다면 성공할 수 없다.

그렇다면 자신과 주변인에게 도움이 되는 방향으로 갈등을 해결하려면 어떻게 해야 할까?

누구나 다음의 네 가지 방법을 숙지한다면 갈등을 현명하게 해결하고 성공적인 경력을 쌓을 수 있을 것이다.

1. 갈등을 예상하라

갈등은 협업의 자연스러운 부산물이다. 기업이든 사회든 사람들이 함께 일하는 곳에서는 앞으로 어떻게 나아갈까를 결정하면서 긴장이 발생할 수밖에 없다. 갈등은 나쁜 것이 아니다. 갈등은 진보하기 위해 꼭 필요한 과정이다.

2. 감정을 관리하라

감정적이 되면 갈등을 통제할 수 없다. 대립하는 사람에게 경멸과 분노를 느끼면 두뇌의 합리적이고 이성적인 부분이 차단되고 지나치게 흥분할 가능성이 높다. 갈등을 겪을 때는 침착함을 유지하라.

3. 당신과 대립하는 상대방을 긍정적으로 바라보라

사람들은 누군가와 맞설 때 자신의 정체성에 위협을 느끼곤 한다. 당신과 대립하는 사람을 존중하는 태도로 대화를 진행하라.

4. 당신이 틀릴 수 있음을 수용하라

자신의 아이디어만 소중하다고 고집할 때 갈등이 증폭된다. 갈등의 요점은 자신이 옳다는 증명이 아니라 '진보'라는 점을 항상 기억하라. 자신의 경력에 관해 당신에게 조언을 구하는 사람에게 긍정적으로 도움을 주는 것을 목표로 삼아라.

가치 지향 전문가는 운동선수가 훈련의 고통을 즐기듯 건전한 갈등을 즐긴다. 진보는 건전한 갈등을 통해 이루어진다.

갈등을 잘 관리하면 더 큰 역할이 당신에게 주어질 것이다.

Point /

가치 지향 전문가는 갈등을 관리하는 법을 잘 안다.

인기가 아닌 신뢰와 존경을 얻으라

아마추어 리더는 팀원들이 자신을 존경하기보다 좋아하게 만드는 데에 더 관심을 둔다. 하지만 호감은 팀원들이 리더에게 가장 바라는 특성이 아니다. 팀원들이 가장 원하는 건 바로 '명확함'이다.

물론 사람들은 타인이 자신을 친절하게 대하기를 원하지만, 친절하기만 하고 명확한 기대치를 설정하지 않으며 팀원들을 성공으로 이끌지 않는 리더는 장기적으로 팀원들을 좌절시키고 만다. 그리고 좌절한 팀원들은 리더에 대한 존경심을 거둘 것이다.

신임 리더 중 상당수는 동료들과의 관계 변화에 혼란을 겪는다. 한때 친구였던 동료들이 더 이상 자신에게 비밀을 털어놓지 않는다. 서로 웃고 농담하면서도 리더가 나타나면 표정을 확 바꿔버린다. 그렇게 리더와 팀원들 사이의 거리가 점점 벌어지기 시작한다.

이는 자연스러운 변화다.

거리감이 생기는 이유는 팀원들이 리더를 좋아하지 않기 때문이 아니다. 사실 팀원들은 한때 자신들의 동료였던 리더를 전보다 더 존경한다. 하지만 리더의 심기를 건드리면 일자리를 잃을 수 있다는 생각에 거리감이 발생하는 것이다.

경력을 개발하는 과정에서 자신이 새로 얻은 지위를 개인적으로 받아들이지 않도록 주의하라.

인기를 얻으려는 본능적 욕구를 이겨내고 팀원들에게 존경받도록 노력하라. 다음의 세 가지는 존경받는 리더의 덕목이다.

1. 명확한 기대치 제시

큰 그림에 집중하며 회사나 사업부가 설정한 방향을 팀원들에게 숙지시켜야 한다.

"팀 전체의 목표는 무엇인가?" 팀원들은 상사가 자신들에게 무엇을 기대하는지 물어볼 때 바로 답할 수 있어야 한다. 그렇지 않으면 리더는 팀을 원활하게 이끌지 못한다.

2. 책임 부여

매일 스탠드업 미팅을 하여 팀원들에게 각자가 할 일을 충분히 알도록 하고 책임을 부여하라. 관리팀 대리는 월마다 재고 현황을 잘 보고하는가? 영업팀 과장은 하루에 15회의 영업 전화를 걸라는 기대치를 숙지했는가? 구체적인 책임을 전달하는 리더는 팀원들에게 확신을 준다.

3. 뛰어난 성과에 대한 보상

팀원들이 업무를 검토하고 그들 간의 성과 격차를 좁히기 위해 팀원들을 독려하고 지원하라.

큰 그림을 제시하고 팀원 개개인에게 기대치를 명확하게 설정한 후에는 양질의 피드백이 뒤따라야 한다. 팀원들이 리더의 속마음을 알아차릴 거라 생각하지 말라.

리더가 인정을 해줘야 팀원들은 자신이 기대에 부합한다는 점을 비로소 알게 된다.

명확한 기대치를 설정하고 그에 책임을 부여하며 뛰어난 성과에 대해 보상할 때 팀은 성장할 수 있다.

인기를 얻으려는 시간을 줄이고 팀원들에게 명확한 기대치를 제시하는 데 많은 시간을 할애할수록 팀원들의 존경을 받는다.

Point /

가치 지향 전문가는 명확한 기대치를 설정하고

기대치에 책임을 부여하며 뛰어난 성과에 보상함으로써

팀원들의 존경을 받는다.

행동으로 보여주라

내가 만나본 성공한 사람들 중 같은 부류의 사람은 한 명도 없었다. 겸손한 사람도 있고 반대로 오만한 사람도 있다. 창의적인 사람이 있는 반면 전혀 창의적이지 않은 사람도 있다. 정신없을 정도로 에너지가 넘치는 사람이 있고, 어떻게 성공했는지 모를 정도로 느긋한 사람도 있다.

사실 공식을 그대로 따른다고 해서 성공하지는 않는다. '온전히 자기 자신이 되는 것'이 바로 성공의 길이다. 사람마다 각기 다른 '초능력'을 지녔다. 자신의 초능력에 집중할 때 경력에 긍정적인 진전이 이루어지기 시작한다.

그럼에도 성공한 사람들이 모두 가진 한 가지 공통점이 있다. 바로 행동에 집착한다는 점이다.

이는 아이디어를 아이디어인 채로 죽게 놔두지 않는다는 뜻이다. 성공한 사람들은 아이디어를 실현하기 위한 행동에 돌입한다.

우리 회사에서는 이를 '엔드 존end zone으로 공 넣기'라고 부른다. 미식축구에서는 서로 열심히 응원하며 어렵사리 공을 상대편 쪽으로 몰고 간다 해도 점수를 얻지 못한다. 점수를 따려면 엔드 존까지 가져가야 한다.

성공한 사람들은 현실에서 무언가를 실현해낸다. 그들은 최고의 삶을 상상 속에 머물게 두지 않는다.

나는 성공한 사람들 중에 별로 똑똑하지 않은 이들이 많다는 사실에 놀랐었다. 나는 그들과 이야기를 나누며 그들이 박식하지도 않고 상상력이 풍부하지도 않다는 것을 알게 됐다. 나는 단순한 사람들이 어떻게 영향력과 부를 얻었는지 매우 궁금했고, 결국 행동에 대한 집착이 그들의 성공 비결임을 깨달았다. 행동 지향적인 사람들은 무언가를 이루어내는 데 능하기 때문이다.

회사를 경영하거나 경력을 쌓으려 한다면 이 점을 기억하라. 매일 아침 일어나 행동에 나서기만 한다면 시장에서 누구와도 싸워 이길 수 있다.

공상을 하거나 아이디어를 이야기한다고 해서 점수를 얻지 못한다는 점을 명심하기 바란다.

Point /

가치 지향 전문가는 행동에 집착함으로써

경쟁에서 승리한다.

혼란을 선택하지 말라

나의 오랜 친구가 언젠가 내게 했던 말이 아직도 가슴에 박혀 있다. 그와 전화로 이야기를 나누던 중에 나는 1년 넘도록 성과가 저조한 어느 직원에 대해 조언을 구했다. 그동안 그가 나에게 해주었던 조언은 더 나은 결정을 내리고 일을 완수하는 데에 늘 결정적인 도움을 주었다.

그는 이렇게 말했다. "돈, 혼란을 선택하지 말게."

그는 무엇을 해야 하는지 내가 더 잘 알고 있다고 말했다. 맞다. 나는 그저 그러기 싫었을 뿐이었다.

나는 그 직원을 놓아줘야 했고, 이제 때가 된 것이었다.

그날 이후, 나는 혼란스럽다고 여겨지는 대부분의 상황이 사실은 그리 혼란스럽지 않음을 깨달았다. 사실 혼란스러워 보이는 상황은 갈등을 피하려는 욕망과 행동하지 않으려는 의도에서 비롯된다.

예를 들어 사람들은 보통 무언가를 사야할지 아니면 돈을 저축해야 하는지를 잘 알고 있다. 누구에게 사과해야 하는지도 잘 알고, 외출해야 할지 잠자리에 들어야 할지도 잘 안다. 실제로 혼란스러울 것은 없다. 그저 해야 할 일을 하고 싶지 않을 뿐이고 그 때문에 책임을 회피할 목적으로 '혼란을 선택하는' 것이다.

하지만 가치 지향 전문가는 객관적인 렌즈로 세상을 바라볼 줄 알고 사람들을 기쁘게 하는 작은 욕망이나 갈등 회피가 생각의 명료함에 영향을 미치지 않도록 주의한다.

영향력 있는 사람들 중 항상 무엇을 해야 하는지 혼란스러워하는 자를 마지막으로 만난 적은 언제인가? 절대로 만난 적이 없을 것이다. 성공한 사람들은 혼란스럽게 살지 않는다. 그들은 명료하게 산다. 그들이 성공한 이유는 우리와 달리 그들이 세상을 명료하게 볼 수 있기 때문이 아니다. 사실 당신도 세상을 상당히 명료하게 바라본다. 그저 당신은 혼란을 선택할 뿐이다.

나는 내가 혼란을 고르는 이유가 다음 세 가지 중 하나라는 점을 깨달았다.

1. 사람들을 기쁘게 해야 한다
내가 정말 해야 할 일을 하면, 다른 사람들이 계속 나를 좋아해주지 않을 것 같다.

2. 체면을 잃을 것 같다
내가 옳은 일을 선택했을 때, 다른 사람들(대체로 모르는 사람들)이 나를 어떻게 생각할지 걱정스럽다.

3. 두렵다
나는 옳은 일을 하는 데 따른 금전적·물질적 결과가 두렵다.

혼란스러운 시기에는 어떤 생각이 나를 혼란스럽게 만드는지 확실하게 알고 이름을 붙이면 도움이 된다. 사람들을 기쁘게 해야 한다는 생각이든, 체면을 잃는 것이든, 두려움이든 그것을 명명하는 순간 혼란은 가라앉는다.

혼란스러워 보이는 상황에서 스스로에게 질문을 던져보자. "나와 전혀 관계가 없는 제3자의 시선으로 내 삶을 바라볼 때 내가 취해야 할 명백하고 올바른 행동은 무엇인가?"

이 질문의 답은 자신이 선택한 혼란에 빠지지 않으려면 무슨 일을 해야 하는지 바로 알려줄 것이다.

Point /

가치 지향 전문가는 자신이 내려야 할 옳은 결정을 두고
혼란스러워하지 않는다.

　　　　　　　　　　1장 리더라면 갖춰야 할 열 가지 성격 특성

끊임없이 낙관하라

인생 대부분의 날들이 멋지게 돌아가는데, 왜 사람들은 일이 나빠질까 두려워하며 살까?

그 이유는 우리가 인간이라는 영장류이기 때문이다. 영장류는 매우 능숙하게 위협을 평가하고 회피한다.

아니, 지나치게 능숙하다고 해야 할까?

당신의 뇌는 당신이 생존하도록 설계되었다. 그것이 뇌의 주된 역할이다. 즉, 영장류인 당신은 무언가가 잘못될지 예상하는 데 아주 능숙하다는 것이다. 떨어지지 않으려면 지붕 끝에서 한발 물러서야 한다는 사실을 잘 알며, 어떤 사람이 위험한 상태인지를 능히 감지한다. 당신이 그런 것에 능숙하지 않았다면 아마 살아남지 못했을 것이다.

또한 인간은 물리적 위협 감지 말고도 많은 것에 능숙하다. 수치스러운 일을 당하면 자신이 속한 집단에서 지위가 떨어질 수 있기 때문에 인간은 수치스러움을 피하는 데 능숙하다. 그리고 실패하면 생존에 필요한 자원을 잃을 수 있으므로 실패 가능성이 있는 위험한 시도를 피하는 데도 능숙하다.

리스크와 보상에 더 민감한 렌즈로 삶을 바라보는 사람들이 타인보다 더 안전하게 산다. 리스크가 적기에 손실 또한 적다.

하지만 그들은 그만큼 얻는 것도 적다.

사실 인생에서 몇몇 성공 기회는 현실로 이루어지지 못하지만 그래도 실현되는 기회가 있기 마련이고, 끊임없이 낙관적일수록 노력에 뒤따르는 보상을 더 많이 즐길 수 있다.

낙관적인 태도를 꾸준히 유지하여 언젠가 성공할 가능성을 극적으로 높일 수 있다. 낙관적일수록 더 많이 시도하며, 그럴수록 더 자주 성공을 경험할 것이다.

영향력이 큰 사람들은 놀라운 일이 발생할 수 있다고 믿는다. 그리고 여러 번 시도하고 실패하더라도 다음 기회가 있다는 사실에 흥분을 감추지 못하므로 실패를 바로 잊어버린다.

나에게 성공한 사람을 알려달라고 한다면 나는 누구보다 더 많이 실패한 사람을 당신에게 보여줄 것이다. 나에게 실패한 사람을 알려달라고 한다면 나는 겨우 몇 번 실패하고 나서 그만둔 사람을 보여주겠다. 직관에 반하지만, 성공한 사람들은 실패한 사람들보다 더 많이 실패를 경험했다. 그들은 삶을 낙관하면서 다시 일어섰을 뿐이다.

대인 관계부터 스포츠, 비즈니스에 이르기까지 삶의 모든 영역에서 이는 진실이다.

몇 년 전에 나는 피트 캐럴Pete Carroll을 인터뷰했는데, 그때는 그가 미식축구 팀 시애틀 시호크스의 감독이 된 지 2년째 되던 해였다. 나는 그에게 경기를 벌일 때마다 승리를 가져다 주는 자신만의 특별한 믿음이 있는지 물어봤다. 체커든 체스든 풋볼이든 그는 자신이 참가하는 모든 경쟁에서 승리할 것이라고 '진심으로' 믿었다.

나는 묻지 않을 수 없었다. "지면 어떻게 되죠?"

캐럴 감독은 소파에 등을 기대 팔을 뻗으며 말했다. "충격을 받겠죠. 매번 그래요. 솔직히 말해 나는 그렇게 될 줄 몰랐거든요."

"매번 충격을 받는다고요?" 나는 물었다.

"맞아요. 매번 그렇죠. 나는 결코 패배를 예상하지 못했거든요."

생각해보면 캐럴 감독의 철학은 그야말로 훌륭하다. 끊임없이 낙관적인 태도를 견지하는 그는 계속 시도하고 결코 포기하지 않는 에너지를 유지한다. 그를 인터뷰하고 1년 후 그가 이끄는 시호크스는 슈퍼볼에서 우승했다.

그리고 다음 해에는 슈퍼볼 결승전에 올라갔지만 패하고 말았다. 추측하건대 피트 캐럴은 다음 해에 찾아올 기회를 생각하며 가슴이 벅차올랐을 것이다. 그 전에 적어도 1분 정도는 충격을 받았을 테지만.

지금 하는 일이 잘 풀리지 않을 거라는 예단보다 인생을 낭비하는 짓은 없다.

인생은 통계 게임이다. 보장할 수는 없지만, 긍정적인 노력을 기울일수록 승리할 확률이 높아진다.

Point /

가치 지향 전문가는 끊임없는 낙관주의가 일과 삶에서
성공을 경험할 가능성을 더 높여준다는 사실을 잘 안다.

성장 마인드셋을 가지라

스탠퍼드대학교의 캐럴 드웩Carol Dweck 교수는 자신의 책 『마인드셋』에서 개인과 팀의 성패를 상당 부분 예측할 수 있는 두 가지 사고방식을 말한다. 첫 번째는 고정 마인드셋이다. 고정 마인드셋을 가진 사람들은 자신의 성격과 능력이 거의 변하지 않으며 더 나은 자신으로 발전할 수 없다고 믿는다.

고정 마인드셋을 지닌 사람이라 해도 자신의 지능과 능력을 발휘하긴 하지만, 둘 중 어느 것도 향상할 수 있다고 믿지는 않는다.

그들은 자신이 고정된 수준의 지능을 지니고 태어났다고 믿기 때문에 다른 사람들 앞에서 멍청하게 보일까 봐 두려워한다. 새로운 지식을 배울 수 있다고 믿지 않기에 비판받거나 실패할 때 한없이 방어적이 된다. 왜 방어적이 될까? 나아지는 방법을 배울 수 있다고 믿지 않기 때문이다.

드웩이 밝힌 두 번째 사고방식은 성장 마인드셋이다. 드웩이 발견한 바에 따르면, 성장 마인드셋을 지닌 사람들은 자신의 두뇌에 적응력이 있으며 더 똑똑하게 발전할 수 있다고 믿는다. 그들은 기꺼이 도전하고, 실패를 자기 정체성에 대한 비난으로 받아들이지 않는다.

드웩은 학생들을 대상으로 한 연구에서, 성장 마인드셋을 가진 사람들은 테스트에서 저조한 성적을 받은 후 개선을 모색했지만 고정 마인드셋을 가진 사람들은 포기했음을 발견했다. 성장 마인드셋을 지닌 학생들은 개선하여 더 좋은 성적을 얻었지만 고정 마인드셋을 지닌 학생들은 그러지 못했다. 성장 마인드셋의 학생들은 고급 과정에 등록했지만 고정 마인드셋의 학생들은 뒤처지고 말았다.

그 후 어떻게 될지 충분히 예상할 수 있을 것이다. 성장 마인드셋을 가진 학생들은 더 높은 수준의 역할과 책임을 부여받고 더 나은 성과를 내며 더 많은 보상을 얻었다.

좋은 소식은, 고정 마인드셋에서 성장 마인드셋으로 충분히 전환 가능하다는 점이다.

드웩은 고정 마인드셋에서 성장 마인드셋으로 전환하려면 다음과 같은 다섯 가지 카테고리로 세상을 다르게 바라보라고 조언한다.

1. **도전:** 도전을 피하지 말고 받아들여야 한다.
2. **장애:** 포기하지 말고 장애를 견뎌야 한다.
3. **노력:** 노력을 결실 없는 분투가 아니라 성공의 과정으로 봐야 한다.
4. **비판:** 유용한 피드백을 무시하지 말고 비판에서 배워야 한다.
5. **타인의 성공:** 타인의 성공을 위협으로 느끼지 말고 영감을 얻어야 한다.

요컨대 성장 마인드셋이란, 산 정상에 결코 다다르지는 못하더라도 계속 올라감으로써 더욱더 좋은 전망을 누릴 수 있음을 충분히 이해하는 것이다.

고정 마인드셋에서 성장 마인드셋으로의 전환은 "나는 여기까지야"에서 "나는 점점 나아지고 있어"라는 믿음으로, "나는 훌륭해"에서 "나는 끊임없이 학습하며 향상하고 있어"라는 믿음으로 당신을 이끌 것이다.

고정 마인드셋을 지녔기에 성장 마인드셋을 배울 수 없다는 믿음 역시 자기 충족적 예언이다. 당신은 성장 마인드셋을 가졌는가?

Point /

가치 지향 전문가는 자신이 삶의 모든 영역에서 성장하고
더 나아지도록 설계되었다고 믿는 '성장 마인드셋'을
지니고 세상으로 나아간다.

1장 리더라면 갖춰야 할 열 가지 성격 특성

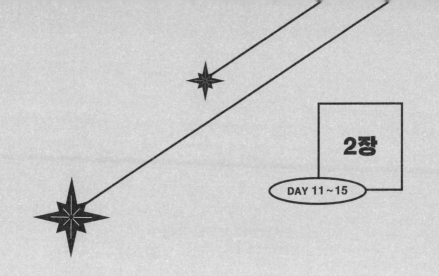

미션이 있는 경영 방침

"원팀을 만드는 리더는
효과적인 미션 선언문을 작성한다."

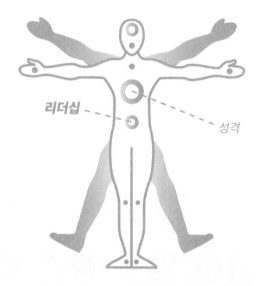

리더십

성격

리더십

가치 지향 전문가의 성격 특성을 개발하고 나면 당신은 리더로서 역할을 수행해야 한다. 이 책에서 첫 2주 동안 알려준 가치 지향 전문가의 성격 특성을 지니고 실천하는 사람이라면 누구라도 그 이상으로 올라갈 수 있다.

하지만 어떻게 리드할 수 있을까?

리더십에도 여러 종류가 있고, 사실 그 어떤 리더들도 서로 비슷하지 않다.

하지만 훌륭한 리더들은 모두 팀의 사기를 높이고 단결시키는 비전을 제시한다. 그러지 못한 리더들은 팀을 혼란에 빠뜨리고 목표 달성에 실패한다.

간단히 말해 리더십은 다음과 같다.

1. 팀을 스토리에 끌어들여라.
2. 그 스토리가 중요한 이유를 설명하라.
3. 모든 팀원에게 그 스토리에서 수행할 역할을 부여하라.

리더의 첫 번째 임무는 매일 아침 일어나 지평선을 가리키며 모든 팀원에게 조직이 어디로 가고 있는지를 알려주는 것이다.

리더의 두 번째 임무는 특정 목적지에 도달하는 일이 왜 중요한지를 명확하고 간단하게 설명하는 것이다.

리더의 세 번째 임무는 각 팀원의 스킬과 능력을 분석하여 그들이 스토리에서 맡을 중요한 역할을 찾아주는 것이다.

모든 인간은 미션을 갈망한다. 인간은 모두 자신을 스토리 속의 주인공으로 인식하며 태어났고, 어린 시절부터 이 땅에서 자신이 중요한 존재라는 점을 알고 자랐다.

뿐만 아니라 더불어 사는 존재로서 모든 사람은 진지하고 중요한 미션을 부여받은 팀에서 함께 일하기를 열망한다.

이것이 바로 역동적인 리더가 최고의 인재를 끌어들일 수 있는 이유다. 당신이 알거나 들어본 적이 있는 역동적인 리더들은 모두 다른 사람들이 동참하길 원하는, 불타오르는 야망을 실현하는 임무가 있다.

리더들은 자신의 미션을 수행하며 위대해진다. 예외는 없다. 강력한 미션을 중심으로 단결하지 않는 팀은 조직 전체의 목표 달성에 도움이 되지 않는 방향으로 무작위하게 움직이기 때문에 시간, 에너지, 돈을 낭비한다.

미션이 없는 사람은 회사의 자원뿐만 아니라 자신의 삶을 낭비한다. 인간은 위대한 일을 성취한다는 임무를 맡도록 설계되었다. 중요한 일을 성취할 때 인간은 자신이 중요한 사람임을 느낀다. 그러지 못할 때 인간은 자신의 잠재력에 부응하지 못한다고 여긴다.

팀이 미션을 정하는 데 도움을 줄 수 있는 리더, 미션이 무엇이며 그게 왜 중요한지를 팀원들에게 매일 상기시킬 수 있는 리더는 조직에 귀중한 선물과도 같다.

앞으로 5일 동안 일련의 경영 방침을 구성하는 다섯 가지 요소를 소개할 것이다. 경영 방침은 회사 전체 혹은 사업부를 통합할 수 있는 미션을 규정한다.

나는 나의 개인 생활, 가정 생활, 회사 생활에 적용 가능한 경영 방침을 세웠다. 이런 경영 방침 덕에 나는 매일 아침 안갯속에서 잠을 깨지 않는다. 나는 내가 무엇을 해야 하는지 항상 명확히 안다.

경영 방침은 다음과 같은 다섯 가지 요소로 구성된다.

1. 자신을 진정으로 흥분시키는 미션 선언문을 수립하라.
2. 미션 수행에 요구되는 핵심 인재상을 정의하라.
3. 미션 완수에 필요한 핵심 행동을 설정하라.
4. 미션 수행에 자원을 끌어들이기 위한 스토리 피치story pitch를 만들라.
5. 미션을 완수하는 이유가 될 테마를 정의하라.

이 다섯 가지 요소가 자기 자신이나 조직의 비전을 제시하는 한 페이지의 경영 방침에 모두 들어갈 수 있어야 한다.

DAY 11 부터 DAY 15 까지 읽은 후에 자신만의 경영 방침을 작성하라.

2장에서 배울 내용을 모두 익히면 당신은 다른 리더들 대부분이 절대 구현하지 못한 기본적인 스킬을 학습하며, 미션을 중심으로 팀을 단결시키는 방법을 알게 될 것이다.

●●꽃집 경영 방침

미션 선언문

향후 5년 안에 우리 지역에서 가장 좋은 꽃을 제공하는 꽃집이 되어 사람들에게 기쁨을 줄 것이다. 사랑하는 사람에게 꽃을 받으면 누구나 활기를 되찾을 수 있기 때문이다.

핵심 행동

1. 미소 짓는다: 꽃이 사람들에게 기쁨을 안겨주므로, 우리 역시 낙관적이고 긍정적인 태도를 보인다.

2. 학습한다: 끊임없이 꽃에 대해 배우고 더 예쁘게 꽃꽂이하는 방법을 학습한다.

3. 깨끗이 한다: 하루에 세 번, 매일 매장을 청소한다.

핵심 인재상

1. 긍정적: 어느 누구의 하루라도 꽃으로 반짝일 수 있다고 믿는다.

2. 창조적: 우리 지역에서 가장 아름다운 꽃꽂이를 선보인다.

3. 헌신적: 사람들의 기쁨이 달려 있으므로 일에 헌신한다.

스토리 피치

타인에게 인정받지 못한 채 하루하루가 지나면 누구라도 슬퍼지고 희망을 잃을 수밖에 없다.

그때, 누군가가 꽃을 준다면 자신을 생각했다는 것만으로도 활기를 되찾을 수 있다. 작은 꽃다발이라 해도 관심받고 있다는 생각에 며칠 동안 영혼이 빛나게 된다.

우리는 우리 지역에서 가장 좋은 꽃을 제공하여 사람들에게 기쁨을 줄 것이다. 모든 사람에게는 자신이 사랑하는 사람을 행복하게 하는 가장 효과적인 방법을 누릴 자격이 있기 때문이다.

테마

사람들은 꽃을 받았을 때 활기를 되찾는다.

효과적인 미션 선언문을 작성하라

팀을 단결시키고 동기를 불어넣으려면, 짧고 흥미로우며 기억하기 쉬운 '미션 선언문' 작성법을 배우면 된다.

자기 자신이나 팀을 이끌려면 어디로 가는지를 잘 알아야 한다. 특정 목적지를 설정해야 하는 것이다.

대부분의 회사는 미션 선언문을 사용하여 목적지를 정하지만, 현실을 들여다보면 그들의 미션 선언문은 대부분 끔찍하기 그지없다. 자기네들만 아는 언어와 비즈니스 용어로 가득하고 업무에 열정적인 직원들이 아니라 주주를 대변하는 변호사가 쓴 것처럼 보인다.

그렇다면 사람들이 기억하고 실행하기 좋은 미션 선언문을 어떻게 작성할까?

영화 〈브레이브하트〉에서 윌리엄 월리스는 병사들이 미션을 완수하기 위해 스스로를 희생하도록, 말 위에서 미션 선언문을 외쳤다. 만약 병사들에게 가슴 뛰는 영감을 주지 못했다면, 그건 그 선언문이 그다지 흥미롭지 않았다는 뜻이다.

윌리엄 월리스가 기업의 미션 선언문 혹은 당신의 미션 선언문을 외친다고 상상해보라.

그 선언문이 군대의 사기를 끓어오르게 만들 것 같은가?

그렇지 않다면, 바로 수정하라.

좋은 미션 선언문은 짧고 흥미로우며 사람들에게 영감을 준다. 그러지 못하면 무용지물이다.

또한 미션 선언문에는 '부당함에 대한 반격'이라는 의미가 담겨야 한다. 그리고 사람들에게 봉사하기 위해 무엇을 하고 있으며 왜 그 노력이 중요한지를 설명해야 한다.

노르망디 해변에 상륙한 병사들은 미션을 수행했다. 1960년대 미국 남부를 종횡하며 민권운동을 일으켰던 프리덤 라이더들 역시 미션을 수행했다. 인간의 한계를 재정의했던 우주 비행사들 또한 그랬다.

마찬가지로 테슬라는 미션을 수행하며 내연기관 산업에 전기자동차로 반격을 시도하고, 넷플릭스는 기존 미디어 산업을 스트리밍 서비스로 파괴했다. 당신이 지금 읽는 이 책은 얼마 안 되는 돈으로 실용적인 비즈니스 스킬을 이해하기 쉽게 가르침으로써 미국의 여러 경영 대학원을 파괴하고 있다.

사람들은 미션에 이끌린다. 그들은 비즈니스 용어에 이끌리지 않는다. 그리고 다시 말하지만, 당신의 비즈니스는 미션에 기여하고자 하는 사람들로 구성돼 있다.

예를 몇 가지 살펴보자.

배관 회사: 향후 5년 안에 고객 1만 명에게 서비스를 제공할 것이다. 모든 사람이 제대로 작동하는 배관을 이용하고 가치 있는 서비스를 받을 자격이 있기 때문이다.

소프트웨어 회사: 우리 회사의 소프트웨어를 2029년까지 전국의 컴퓨터 가운데 절반에 보급할 것이다. 이용자를 혼란에 빠뜨리는 소프트웨어는 누구도 경험해서는 안 된다고 생각하기 때문이다.

패밀리 레스토랑: 우리 가게의 피자를 5년 안에 도시 최고의 피자로 알릴 것이다. 지역사회의 사람들이 지역 농산물로 만든 피자를 자랑할 자격이 있기 때문이다.

기한에 도달하면 미션 선언문을 다시 작성하면 된다. 몇 년마다 미션 선언문을 다시 작성하지 못할 이유는 없다.

반드시 위의 템플릿을 사용하여 미션 선언문을 작성할 필요는 없지만, 오늘날 많은 조직에서 채택한 대부분의 미션 선언문보다 훨씬 더 명확할 뿐만 아니라 훨씬 큰 동기를 불어넣어준다.

미션 선언문을 기억하는 직원은 거의 없다. 당신은 회사의 미션 선언문을 아는가? 당신의 팀원들은?

나는 어느 회사의 임원들과 자리를 함께한 적이 있는데, 내가 그 회사의 미션 선언문이 끔찍하기 그지없다고 하자 그들은 강하게 반발했다. 얼마 전에 임원들이 48시간 동안 워크숍을 하면서 선언문의 단어 하나하나를 공들여 만들었기 때문이었다.

나는 최고재무관리자CFO에게 워크숍에 참여했는지를 묻자 그는 "그렇습니다"라고 답했다. 그에게 미션 선언문을 말해보라고 했지만 기억을 못했다.

유능한 팀원은 자신에게 동기를 부여하고 미션 선언문을 중심으로 팀을 단결시키는 방법을 잘 알고 있다. 기억하라. 미션은 짧게, 흥미롭게, 영감을 줄 수 있도록 만들어야 한다는 점을! 미션 선언문은 경영 방침의 다섯 가지 요소 중 첫 번째다. 앞으로 4일 동안 팀을 안내하고 정렬하며 영감을 줄 나머지 요소들을 설명하겠다.

Point /

팀을 단결시키려면 짧고 흥미로우며 기억하기 쉬운

미션 선언문을 만들라.

●●꽃집 경영 방침

미션 선언문

향후 5년 안에 우리 지역에서 가장 좋은 꽃을 제공하는 꽃집이 되어 사람들에게 기쁨을 줄 것이다. 사랑하는 사람에게 꽃을 받으면 누구나 활기를 되찾을 수 있기 때문이다.

핵심 행동

1. **미소 짓는다:** 꽃이 사람들에게 기쁨을 안겨주므로, 우리 역시 낙관적이고 긍정적인 태도를 보인다.

2. **학습한다:** 끊임없이 꽃에 대해 배우고 더 예쁘게 꽃꽂이하는 방법을 학습한다.

3. **깨끗이 한다:** 하루에 세 번, 매일 매장을 청소한다.

핵심 인재상

1. **긍정적:** 어느 누구의 하루라도 꽃으로 반짝일 수 있다고 믿는다.

2. **창조적:** 우리 지역에서 가장 아름다운 꽃꽂이를 선보인다.

3. **헌신적:** 사람들의 기쁨이 달려 있으므로 일에 헌신한다.

스토리 피치

타인에게 인정받지 못한 채 하루하루가 지나면 누구라도 슬퍼지고 희망을 잃을 수밖에 없다.

그때, 누군가가 꽃을 준다면 자신을 생각했다는 것만으로도 활기를 되찾을 수 있다. 작은 꽃다발이라 해도 관심받고 있다는 생각에 며칠 동안 영혼이 빛나게 된다.

우리는 우리 지역에서 가장 좋은 꽃을 제공하여 사람들에게 기쁨을 줄 것이다. 모든 사람에게는 자신이 사랑하는 사람을 행복하게 하는 가장 효과적인 방법을 누릴 자격이 있기 때문이다.

테마

사람들은 꽃을 받았을 때 활기를 되찾는다.

핵심 인재상을 정의하라

경영 방침의 두 번째 요소는 핵심 인재상이다.

당신이 미션 수행에 돌입하면, 위대한 일을 성취하기 위해 도전을 극복하는 이야기로 사람들을 끌어들이게 된다. 스토리 속에서 캐릭터는 변화한다. 사람들은 강해지고 만반의 준비를 갖추게 되며, 더 큰 자신감으로 당면 과제를 더 잘 수행하게 된다.

의미 있는 스토리 속에서 '살아감으로써' 더 나은 자신으로 변모한다.

당신과 팀이 미션을 달성하기 위한 핵심 인재상을 정의한다는 것은 기본적으로 팀의 모든 사람에게 '당신은 어떤 사람이 되어야 하는가?'라고 질문하는 것이다.

미션을 완수하려면 당신과 팀은 어떤 인재상을 개발해야 할까?

당신과 팀이 개발해야 하는 핵심 인재상을 정의하려면 그 인재상이 '동경의 대상'이고 '교훈적'인지 확인하라.

동경의 대상이라는 말은 그 인재상이 당신의 현재 모습이 아니라 향상되고 변화된 캐릭터여야 한다는 뜻이다. 그리고 교훈적이라는 말은 캐릭터가 지시하는 내용이 즉시 실천으로 옮길 만한 것이라는 의미다. 전화로 영업 상담을 하거나 직접 문 앞에서 고객을 맞이할 때 '긍정적 태도'를 취하라는 규율은 교훈적이다.

당신의 미션이 지역에 방치된 수많은 개에게 집을 찾아주는 일이라면, 팀원들의 핵심 인재상은 개와 함께 있기를 좋아하는 것이다. 당신의 미션이 돈을 쉽게 관리해주는 소프트웨어를 만드는 일이라면, 훌륭한 소프트웨어 인터페이스 연구를 즐기는 일이 팀원들의 핵심 인재상이어야 한다.

최근에 우리 회사의 고객이 되었고 신속한 음식 서빙이 특징인 모 레스토랑은 긍정적인 근무 환경으로 잘 알려져 있다. 문을 열기 몇 시간 전부터 손님들은 치킨을 먹기 위해 길게 줄을 선다. 큰 성공을 거둔 그들에게 가장 큰 도전은 '강한 압박감을 느끼면서도 긍정적 태도를 유지하는 것'이다.

이런 이유로 그들은 '압박감 속에서 즐거움을 찾는 사람'을 핵심 인재상 중 하나로 정의했다.

이 핵심 인재상은 두 가지 목적에 부합했기에 아주 훌륭했다.

1. 동경의 대상이다
팀이 미션을 달성하려면 어떤 사람이 되어야 하는지 바로 알려준다.

2. 교훈적이다
압박감이 올라갈 때 어떤 사람이 되어야 하는지 바로 알려준다.

주방에 주문이 몰리고 특정 식재료가 바닥난 상황에서 버스를 타고 온 관광객들이 쏟아져 들어올 때라면, 레스토랑 직원들은 어떻게 대응해야 할까? 그들은 압박감을 느끼는 상태에서도 즐겁게 응해야 한다.

'압박감 속에서 즐거움을 찾는 사람'과 같은 핵심 캐릭터를 정의하면 얼마나 많은 부정적인 감정이 긍정적으로 바뀔지 상상할 수 있는가?

팀이 개발해야 하는 핵심 인재상을 정의한다는 말은 당신을 위해 일할 사람의 유형을 설정한다는 의미다. 레스토랑 직원들 중 누군가가 압박감 속에서 즐거움을 찾지 못한다면 그는 레스토랑에 적합하지 않은 사람이라는 뜻이다.

핵심 인재상을 정의하면 채용할 사람과 해고할 사람을 파악할수 있다. 미션을 수행하는 데 필요한 핵심 인재상을 정의하지 못하면팀에 잘못된 사람이 존재할 가능성이 생긴다.

미션을 달성하려면 당신과 팀원에게 어떤 인재상이 중요한가? 당신과 팀원들은 어떤 사람이 되어야 하는가?

Point /

당신과 팀원들이 미션 달성을 위해 개발해야 할

핵심 인재상을 정의하라.

●●꽃집 경영 방침

미션 선언문

향후 5년 안에 우리 지역에서 가장 좋은 꽃을 제공하는 꽃집이 되어 사람들에게 기쁨을 줄 것이다. 사랑하는 사람에게 꽃을 받으면 누구나 활기를 되찾을 수 있기 때문이다.

핵심 행동

1. 미소 짓는다: 꽃이 사람들에게 기쁨을 안겨주므로, 우리 역시 낙관적이고 긍정적인 태도를 보인다.

2. 학습한다: 끊임없이 꽃에 대해 배우고 더 예쁘게 꽃꽂이하는 방법을 학습한다.

3. 깨끗이 한다: 하루에 세 번, 매일 매장을 청소한다.

핵심 인재상

1. 긍정적: 어느 누구의 하루라도 꽃으로 반짝일 수 있다고 믿는다.

2. 창조적: 우리 지역에서 가장 아름다운 꽃꽂이를 선보인다.

3. 헌신적: 사람들의 기쁨이 달려 있으므로 일에 헌신한다.

스토리 피치

타인에게 인정받지 못한 채 하루하루가 지나면 누구라도 슬퍼지고 희망을 잃을 수밖에 없다.

그때, 누군가가 꽃을 준다면 자신을 생각했다는 것만으로도 활기를 되찾을 수 있다. 작은 꽃다발이라 해도 관심받고 있다는 생각에 며칠 동안 영혼이 빛나게 된다.

우리는 우리 지역에서 가장 좋은 꽃을 제공하여 사람들에게 기쁨을 줄 것이다. 모든 사람에게는 자신이 사랑하는 사람을 행복하게 하는 가장 효과적인 방법을 누릴 자격이 있기 때문이다.

테마

사람들은 꽃을 받았을 때 활기를 되찾는다.

핵심 행동을 결정하라

대부분의 경영 방침은 행동에 영감을 주지 못하기 때문에 잊히기 마련이다. 스토리 속의 캐릭터들이 무언가를 실행하지 않으면 미션은 절대 달성되지 못한다.

경영 방침에 핵심 행동을 포함해야 당신과 팀이 비로소 움직일 수 있다.

미션 선언문과 핵심 캐릭터를 정의하고 나면, 직원들이 미션을 수행하기 위해 매일 취해야 하는 핵심 행동을 설정하여 스토리가 앞으로 전개되도록 해야 한다.

물론 팀원들 각자 맡은 영역이 다르긴 하지만, 모두가 공통적으로 수행할 수 있는 세 가지의 핵심 행동을 정의하면 다른 방법으로는 느끼지 못할 일체감을 형성할 수 있다.

뿐만 아니라 팀원 모두가 매일 수행할 세 가지 중요한 행동을 정의함으로써 미션 달성에 에너지를 모으고 집중할 수 있다.

예를 들어 핵심 행동 중 하나가 '매일 아침 매장을 열기 15분 전에 직원들과 스탠드업 미팅을 하는 것'이라면, 모든 사람이 일을 일찍 시작하게 되며 매장 문을 열고서 가장 먼저 해야 할 일을 바로 시작할 수 있다.

팀원 모두가 매일 수행할 수 있고 더 나은 생산성, 더 많은 매출, 더 높은 고객 만족도 또는 더 좋은 '활동 대비 아웃풋 비율'로 변환될 만한 활동은 무엇일까?

당신 자신과 조직을 위해 핵심 행동을 정의하여, 최종 결과에 영향을 미치는 생활 방식을 확립해야 한다.

내 삶의 경영 방침에서 내가 반복할 수 있는 핵심 행동은 '일찍 일어나기', '글쓰기', '당신 먼저'라고 말하기'다.

우습게 들릴지 모르지만, 전날 밤에 일찍 잠자리에 들고 일찍 일어나면 운동할 기회가 늘어가고 더 많이 글을 쓰며(나는 아침에 글을 쓴다) 조용한 아침 시간을 누릴 수 있다. 그렇게 매일 글을 쓰면 내 경력과 회사의 지속적 성장을 기대할 수 있다. 또한 사람들과 일상생활에서 '당신 먼저'라고 말하면, 적어도 타인을 배려하지 않는 머저리는 되지 않을 것이다.

매일 반복하는 세 가지 핵심 행동으로 성공을 보장하는 생활 방식을 확립할 수 있다.

하지만 나는 핵심 행동이 세 가지를 넘지 않도록 권한다. 세 가지가 넘으면 사람들은 몇 가지를 잊어버리는 경향이 있다.

당신과 팀원들이 성공하기 위해 반복할 수 있는 핵심 행동은 무엇인가? 미션을 추진하고자 당신과 팀원들이 매일 취할 수 있는 작지만 핵심인 행동은 무엇인가?

그 핵심 행동들은 간단하고 실행하기 쉬운가? 반복할 수 있는가?

또한 그 행동들이 미션에 영향을 미치는가?

위 질문들을 생각하면서 세 가지 핵심 행동을 작성하면 수월하게 써내려 갈 수 있을 것이다.

Point!

성공을 보장하고 미션 달성에 도움이 되며

당신과 팀원들이 매일 수행할 수 있는

핵심 행동 세 가지를 정의하라.

●●꽃집 경영 방침

미션 선언문

향후 5년 안에 우리 지역에서 가장 좋은 꽃을 제공하는 꽃집이 되어 사람들에게 기쁨을 줄 것이다. 사랑하는 사람에게 꽃을 받으면 누구나 활기를 되찾을 수 있기 때문이다.

핵심 행동

1. 미소 짓는다: 꽃이 사람들에게 기쁨을 안겨주므로, 우리 역시 낙관적이고 긍정적인 태도를 보인다.

2. 학습한다: 끊임없이 꽃에 대해 배우고 더 예쁘게 꽃꽂이하는 방법을 학습한다.

3. 깨끗이 한다: 하루에 세 번, 매일 매장을 청소한다.

핵심 인재상

1. 긍정적: 어느 누구의 하루라도 꽃으로 반짝일 수 있다고 믿는다.

2. 창조적: 우리 지역에서 가장 아름다운 꽃꽂이를 선보인다.

3. 헌신적: 사람들의 기쁨이 달려 있으므로 일에 헌신한다.

스토리 피치

타인에게 인정받지 못한 채 하루하루가 지나면 누구라도 슬퍼지고 희망을 잃을 수밖에 없다.

그때, 누군가가 꽃을 준다면 자신을 생각했다는 것만으로도 활기를 되찾을 수 있다. 작은 꽃다발이라 해도 관심받고 있다는 생각에 며칠 동안 영혼이 빛나게 된다.

우리는 우리 지역에서 가장 좋은 꽃을 제공하여 사람들에게 기쁨을 줄 것이다. 모든 사람에게는 자신이 사랑하는 사람을 행복하게 하는 가장 효과적인 방법을 누릴 자격이 있기 때문이다.

테마

사람들은 꽃을 받았을 때 활기를 되찾는다.

미션에 대한 스토리 피치를 구상하라

회사나 프로젝트의 스토리를 전달하는 일은 중요하다. 이를 통해 자원을 끌어들일 수 있기 때문이다. 스토리를 전하면 사람들은 당신에게서 무언가를 구입할지, 당신에게 투자할지, 심지어 당신이 하는 일을 널리 알릴지를 결정한다.

하지만 대부분의 사람들과 기업들은 자신의 스토리를 전달하는 방법을 잘 알지 못한다. 지루한 독백으로 자신의 역사를 이야기하는 실수를 범한다.

하지만 역사는 당신의 스토리가 아니다. 역사는 과거에 일어난 사건들의 집합일 뿐이다. 스토리는 달라야 한다. 스토리는 사람들과 연관된 당신의 일을 설명하고 그들이 참여하게끔 만드는 방법이다.

경영 방침의 네 번째 요소는 '스토리 피치'라고 부른다. 사람들이 이끌리는 비즈니스 스토리를 전하기 위해, 당신과 모든 팀원에게는 스토리 피치가 필요하다.

고객과 이해관계인을 스토리로 끌어들일 수 있는 리더는 두각을 나타내며 더 많은 역할을 부여받는다.

또한 고객을 스토리로 끌어들일 수 있는 영업 사원은 회사에 더 많은 수익을 안겨준다.

비즈니스 스토리에 고객을 끌어들일 수 있는 서비스 담당자는 고객을 브랜드의 열렬한 팬으로 만든다.

하지만 대부분의 회사는 지루한 스토리를 말할 뿐이다. 사실 회사가 어떻게 시작되었는지, '일하기 좋은 직장'이라는 평가를 꾸준히 받아왔는지에 관심을 갖는 사람은 거의 없다.

좋은 스토리는 모든 잡소리를 걸러내고 대중에게 실제로 흥미로운 부분만 강조한다. 그리고 유능한 전문가는 스토리를, 특히 미션에 관한 스토리를 전달하는 방법을 잘 안다.

가장 단순한 스토리는 어떤 사건으로 인해 불안정해진 인물이 시련을 극복하고 삶을 안정시킨다는 구조로 진행된다.

이것은 〈스타워즈〉, 〈로미오와 줄리엣〉, 〈크레이지 토미 보이〉, 〈어벤져스〉 시리즈와 여러 로맨틱 코미디 등 수많은 작품의 공통적인 스토리 라인이다.

스토리텔러가 이런 공식을 사용하는 이유는 무엇일까? 그것이 대중의 관심을 사로잡는, 세상에서 가장 강력한 도구이기 때문이다.

애석하게도 당신의 역사는 이런 공식으로 풀어낼 수도 있고 그러지 못할 수도 있다. 단순하게 역사만 읊는다면 대중을 지루하게 만들 뿐만 아니라 고객의 발걸음을 경쟁자로 향하게 할 것이다.

따라서 당신의 스토리, 비즈니스의 스토리를 전달하고 싶다면, 수천 년 동안 효과를 발휘한 공식을 차용하도록 하자.

스토리를 전달하려면 다음과 같이 하라.

1. 당신이나 당신의 회사가 사람들이 지닌 문제를 극복하도록 돕겠다는 말로 시작하라.
2. 문제의 심각성을 강조하라.
3. 해결책으로 당신 또는 당신의 회사, 제품을 내세워라.
4. 문제를 해결하려고 당신의 제품을 사용할 경우 사람들이 경험할 '해피 엔딩'을 설명하라.

이 간단한 공식이 대중의 참여도를 높이는 효과는 수도 없이 많이 증명되었다. 이 스토리 공식으로 회사의 단순한 사실 정보를 여과하면 좋은 내용만 남는다.

예를 들어 반려동물 호텔 서비스를 운영한다면 다음과 같이 스토리를 전개할 수 있다.

대부분의 사람들은 여행할 때 반려동물을 어딘가에 맡기는 것을 탐탁지 않아 합니다. 사랑스러운 강아지가 슬픈 눈을 하고 주인이 돌아올 때까지 철창 안에서 기다리는 모습을 상상하며 죄책감을 느끼죠.
저희 호텔은 반려동물과 매일 최소 8시간의 놀이 시간을 갖습니다. 반려동물은 주인이 여행하는 동안 슬퍼할 겨를 없이 행복을 만끽합니다. 하루 종일 놀고 나서는 기분 좋은 피곤함으로 잠자리에 들며 그날의 즐거움을 기억합니다. 당신의 반려동물을 저희에게 맡긴다면, 반려동물은 안전하고 행복해지며 당신 또한 훌륭한 주인이라는 자부심을 누릴 수 있습니다.

이 사례에서 공식이 눈에 보이는가? 이 스토리는 문제에서 시작해 그 심각성을 일깨우며 제품(서비스)을 해결책으로 제시한 다음, 문제가 해결됐을 때의 행복한 삶을 설명한다.

이러한 스토리는 고객과 투자자를 끌어들인다. 스토리는 영업 사원의 입으로 전달되고 동영상의 내레이션으로 사용될 수 있으며, 명함 뒷면에 작은 글씨로 인쇄되거나 CEO의 연설에서 오프닝 혹은 클로징 멘트로 쓰일 수 있다.

훌륭한 스토리텔러 기업이 되고 싶다면, 고객을 끌어들이는 스토리를 어떻게 만들고 전달해야 하는지 배워야 한다.

스토리를 전달하는 일은 어렵지 않다. 약간의 지식을 갖춘 다음 메시지를 유지하는 훈련이 필요하다.

당신은 제품이나 비즈니스에 관한 스토리를 어떻게 전달해야 하는지 잘 아는가? 당신의 회사는 무슨 문제를 다루는가? 그 문제는 사람들에게 어떤 고통을 주는가? 당신의 제품은 그 문제를 어떻게 해결하는가? 문제가 해결된 후 사람들의 삶은 어떤 모습이 되는가?

역사를 말하지 말고 스토리를 말하라. 유능한 가치 지향 전문가는 어떻게 흥미로운 스토리를 전달하는지 잘 안다. 비즈니스 스토리를 스토리 피치로 만들고 이를 경영 방침에 넣어라. 또한 팀원 각자가 스토리를 전달하는 방법을 잘 아는지 확인하라.

그러면 입소문이 퍼지기 시작하고 수익이 상승할 것이다!

Point /

스토리를 전달하려면 스토리 공식을 사용하라.
그러면 더 많은 사람을 당신의 미션에 참여시킬 수 있다.

●●꽃집 경영 방침

미션 선언문

향후 5년 안에 우리 지역에서 가장 좋은 꽃을 제공하는 꽃집이 되어 사람들에게 기쁨을 줄 것이다. 사랑하는 사람에게 꽃을 받으면 누구나 활기를 되찾을 수 있기 때문이다.

핵심 인재상

1. **긍정적**: 어느 누구의 하루라도 꽃으로 반짝일 수 있다고 믿는다.

2. **창조적**: 우리 지역에서 가장 아름다운 꽃꽂이를 선보인다.

3. **헌신적**: 사람들의 기쁨이 달려 있으므로 일에 헌신한다.

핵심 행동

1. **미소 짓는다**: 꽃이 사람들에게 기쁨을 안겨주므로, 우리 역시 낙관적이고 긍정적인 태도를 보인다.

2. **학습한다**: 끊임없이 꽃에 대해 배우고 더 예쁘게 꽃꽂이하는 방법을 학습한다.

3. **깨끗이 한다**: 하루에 세 번, 매일 매장을 청소한다.

스토리 피치

타인에게 인정받지 못한 채 하루하루가 지나면 누구라도 슬퍼지고 희망을 잃을 수밖에 없다.

그때, 누군가가 꽃을 준다면 자신을 생각했다는 것만으로도 활기를 되찾을 수 있다. 작은 꽃다발이라 해도 관심받고 있다는 생각에 며칠 동안 영혼이 빛나게 된다.

우리는 우리 지역에서 가장 좋은 꽃을 제공하여 사람들에게 기쁨을 줄 것이다. 모든 사람에게는 자신이 사랑하는 사람을 행복하게 하는 가장 효과적인 방법을 누릴 자격이 있기 때문이다.

테마

사람들은 꽃을 받았을 때 활기를 되찾는다.

테마와 존재 이유를 정의하라

기본 원칙의 마지막 요소는 테마다. 테마는 미션 전체의 근본이 된다. 테마란 당신 혹은 당신의 조직이 존재하는 '이유'다.

중요하지 않은 미션에 기여하려는 사람은 아무도 없다. 그렇다면 사람들에게 미션의 중요성을 어떻게 확신시킬 수 있을까? 그 방법이 바로 테마를 정의하는 것이다.

수 세기 동안 극작가, 소설가, 시나리오 작가들이 스토리의 테마를 정의했다. 스토리텔러는 주로 스토리를 일관되게 써나가기 위해 테마를 정의한다. 어떤 대화나 특정 장면이 테마와 관련이 없으면 스토리에서 잘라내는 것이다.

예를 들어 〈쉰들러 리스트〉의 테마는 인간의 가치는 무한하며 모든 인간은 구원받아야 한다는 것이다. 시나리오 작가들은 각본을 쓰면서 이런 중심 메시지(테마)를 기초로 모든 장면을 걸러내야 했다.

작가가 테마를 정의하면 스토리는 더 의미 있고 더 명확해진다. 미션이 의미 있고 명확하기를 원한다면 테마가 있어야 한다.

마찬가지로 대중을 스토리에 끌어들이는 비즈니스에서 테마는 '새로 지붕을 올리는 데 지나친 비용을 지불하지 않는 것'부터 '모든 가족에게 잊지 못할 휴가를 선사하는 것'이 될 수 있다.

테마를 정의하면 모든 사람이 당신의 미션이 왜 중요한지 알게 될 것이다.

우리 회사의 미션은 누구나 직장에서 성공하도록 도우며 쉽게 접근 가능한 비즈니스 커리큘럼을 제공하여 현재의 교육 모델을 혁신하는 것이다. 그렇다면 테마는 무엇일까? '모든 사람이 삶을 변화시킬 비즈니스 교육을 받을 자격이 있다'이다.

팁을 주자면, 미션 선언문 끝에 '왜냐하면'이라는 단어를 추가하여 문장을 완성하면 테마를 정의하기 수월해진다.

우리는 쉽게 접근 가능한 비즈니스 커리큘럼을 만들었다. 왜냐하면 '모든 사람이 삶을 변화시킬 비즈니스 교육을 받을 자격이 있기' 때문이다.

왜 일찍 일어나서 일하러 가야 하는지 의문이 든다면, 미션의 테마가 그 답이 되어야 한다. 나는 그 의문에 이렇게 답한다. 나는 일찍 일어나서 일하러 간다. 왜냐하면 '모든 사람이 삶을 변화시킬 비즈니스 교육을 받을 자격이 있기' 때문이다.

다시 말하지만, 테마가 무엇인지 알아야 하는 중요한 까닭은 그것이 '왜'라는 질문의 답이기 때문이다. 투자자들이 왜 투자를 해야 할까? 신입 사원들이 왜 회사를 위해 일해야 할까? 고객이 자신의 친구에게 당신 제품을 왜 알려야 할까? 테마를 정의하면 이런 질문들에 확실히 답할 수 있을 것이다.

테마를 정의하고 나면 회사 휴게실 벽에 게시하고 웹사이트에 올려라. 채용 부스 앞에 배너로 내걸고 조직의 모든 사람이 암기하도록 하라. 테마가 곧 목적이다. 사람들이 자신의 일에 열정적으로 임하려면 목적이 필요하다.

왜 미션이 중요할까? 과연 그 미션에 희생하거나 투자할 가치가 있을까? 다른 사람들이 그 미션에 기여해야 하는 이유는 무엇일까? 왜 고객이 다른 브랜드가 아닌 당신의 것을 선택해야 할까?

테마를 정의하면 그 이유를 알게 될 것이다.

Point /

왜 당신의 일이 중요한지를 당신 자신, 팀원,
고객이 알 수 있도록 비즈니스 테마를 정의하라.

　　　　　　　　　　　　　2장 미션이 있는 경영 방침

●●꽃집 경영 방침

미션 선언문

향후 5년 안에 우리 지역에서 가장 좋은 꽃을 제공하는 꽃집이 되어 사람들에게 기쁨을 줄 것이다. 사랑하는 사람에게 꽃을 받으면 누구나 활기를 되찾을 수 있기 때문이다.

핵심 인재상

1. **긍정적:** 어느 누구의 하루라도 꽃으로 반짝일 수 있다고 믿는다.

2. **창조적:** 우리 지역에서 가장 아름다운 꽃꽂이를 선보인다.

3. **헌신적:** 사람들의 기쁨이 달려 있으므로 일에 헌신한다.

핵심 행동

1. **미소 짓는다:** 꽃이 사람들에게 기쁨을 안겨주므로, 우리 역시 낙관적이고 긍정적인 태도를 보인다.

2. **학습한다:** 끊임없이 꽃에 대해 배우고 더 예쁘게 꽃꽂이하는 방법을 학습한다.

3. **깨끗이 한다:** 하루에 세 번, 매일 매장을 청소한다.

스토리 피치

타인에게 인정받지 못한 채 하루하루가 지나면 누구라도 슬퍼지고 희망을 잃을 수밖에 없다.

그때, 누군가가 꽃을 준다면 자신을 생각했다는 것만으로도 활기를 되찾을 수 있다. 작은 꽃다발이라 해도 관심받고 있다고 생각에 며칠 동안 영혼이 빛나게 된다.

우리는 우리 지역에서 가장 좋은 꽃을 제공하여 사람들에게 기쁨을 줄 것이다. 모든 사람에게는 자신이 사랑하는 사람을 행복하게 하는 가장 효과적인 방법을 누릴 자격이 있기 때문이다.

테마

사람들은 꽃을 받았을 때 활기를 되찾는다.

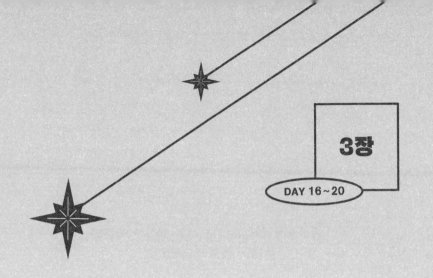

생산성을 높이는
시간 관리법

"생산성을 끌어올리는 지속 가능한 목표와
루틴을 만들어야 한다."

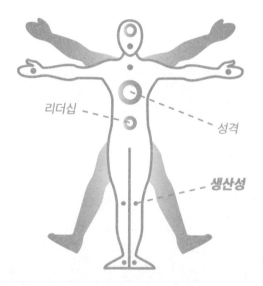

생산성

이번 장에서는 과도한 스트레스와 불안감에 시달리지 않으며 자기 자신과 시간을 관리하는 법을 배울 것이다. 최소한의 시간 안에 최대의 결과를 창출하는 법에 대해 알아보자.

많은 전문가가 열심히 일하지만 많은 것을 이뤄내지는 못한다. 그들은 정신없이 움직이지만 한곳을 맴돌 뿐이다. 여기에는 이유가 있는데, 바로 자신의 삶에 초점이 없기 때문이다.

수년 간 스토리에 관해 연구하면서 나는 미션을 수행하는 히어로처럼 살아야 인간의 삶이 가장 의미 있다고 믿게 되었다. 미션을 수행하는 히어로가 되면 정신없이 행동할 여지가 거의 없다. 나는 내가 무엇을 원하는지, 무엇이 나를 가로막는지, 세상의 문제를 해결하기 위해 내가 무엇을 성취해야 하는지 알고 있다.

미션을 수행하는 히어로는 목적과 의도를 지니며 살아간다. 그들에게는 시간이 중요하기 때문에 섣불리 시간을 낭비하지 않는다.

미션을 수행하는 히어로는 시간을 관리하는 방법을 잘 알기에 불안감을 느끼지 않을 뿐만 아니라 집중력을 유지하고 지속적으로 동기와 영감을 받으며 중요한 일을 수행한다.

올바른 성취의 핵심은 우선 목표를 파악하고, 가장 높은 수익을 올릴 기회를 찾은 후에, 그것을 최우선으로 삼는 것이다. 가치 지향 전문가는 미션을 수행하는 히어로다. 그들은 자신이 무엇을 해야 하는지 잘 알기에 중요하지 않은 일에 정신을 뺏기지 않는다.

사실 인간의 두뇌는 시간을 어떻게 보내야 하는지 혼란스러워하는 상황을 그리 좋아하지 않는다. 하지만 혼란스럽지 않으려면 훈련과 집중이 필요하다.

우선순위와 건강한 루틴을 설정하지 않으면 텔레비전, 뉴스, 음식, 술, 나쁜 회사가 당신의 시간을 냉큼 빼앗아간다. 많은 사람이 당신의 집중을 방해하여 큰 돈을 벌고 있다. 하지만 당신에겐 아무런 이득이 주어지지 않는다.

생산적인 사람이 되려면 자기 자신에게 미션을 부여해야 하고 그다음에는 미션을 달성하기 위해 시간과 목표의 우선순위를 설정해야 한다.

그러려면 우선순위와 시간을 관리하는 프레임워크가 있어야 한다. 가치 지향 전문가가 되고 싶다면 불안감을 키우지 않으면서 아웃풋을 늘리는 일상의 루틴을 배우라. 다행히도 배우기에 그리 어렵지 않다.

3장 생산성을 높이는 시간 관리법

매일 현명하게 결정을 내리라

매일 아침 나는 스스로에게 간단한 질문을 하나 던진다. 이 질문은 하루를 허투루 보내지 않고 목표에 한 걸음 다가가도록 다그친다.

질문은 바로 이것이다. "오늘이 두 번째 하루라면 나는 첫 번째 하루와 다르게 무엇을 할 것인가?"

언뜻 정신 나간 질문처럼 들릴 것이다. 우리는 지나간 하루를 다시 살 수 없고 매일 기회가 한 번만 주어지기 때문이다.

이는 빅터 프랭클 박사가 제시한 질문으로서, 그 의미는 아주 심오하다. 심리학자였던 프랭클 박사는 환자가 본인의 삶에서 더 깊은 의미를 느끼도록 이끌었다.

환자가 지혜롭고 분별력 있게 살도록 돕던 그는 환자들에게 마치 그날 하루가 두 번째인 것처럼, 첫 번째 하루에는 실수가 있었더라도 두 번째에는 이를 고쳐 다시 사는 것처럼 살아보라고 조언했다.

한마디로 프랭클의 말은 이렇다. "오늘을 한 번 더 산다고 생각하고 같은 실수를 반복하지 말라."

이 짧은 질문은 자신의 삶을 신중하게 생각하는 데 도움이 된다. 오늘이 두 번째 하루라면 첫 번째 하루와 달리 무엇을 하겠는가? 배

오늘이 두 번째 하루라면 나는 첫 번째 하루와 다르게 무엇을 할
것인가?

    ·   _____
    ·   _____
    ·   _____
    ·   _____
    ·   _____

우자를 더 배려하겠는가? 뒤뜰에 있는 해먹에 누워 책을 읽으며 시
간을 보내겠는가? 아니면 운동을 하겠는가?

프랭클의 질문을 이렇게도 바꿀 수 있다. "내가 하루를 마무리
할 때, 실행해서 혹은 하지 않아서 후회하는 것은 무엇일까?"

당신은 후회하지 않는 삶을 살아야 한다.

행동을 취하기 전에 자신의 행동을 되돌아보는 사람은 거의 없
다. 사람들 대부분은 하루하루를 너무나 바쁘게 살고 반응을 요구하
는 이런저런 방해 요소에 익숙해진 탓에 자신의 경험을 더 이상 통제
하지 못한다.

나는 영향력 있는 사람들 중 일기를 쓰지 않거나 어떤 식으로든
반성의 시간을 갖지 않는 사람을 만나보지 못했다. 그들은 성찰을 통
해 자신의 행동을 수정하고 삶을 설계한다. 행동을 고치지 않고 삶을

설계하지 않는 사람들은 수동적으로 반응할 뿐이다. 애석하게도 이들의 삶은 이들의 이익을 극대화하는 데 관심이 없는 외부 세력에 의해 설계된다. 이들의 인생 스토리는 대부분 친구, 가족, 기업 광고, 정치인의 구호에 좌우되고 만다. 이제 자신의 스토리를 직접 관리할 때다.

하루를 시작하면서 자기 자신에게 던질 질문이 있는가? 당신 인생을 스스로 설계하는가, 아니면 타인이 대신 설계하는가?

Point /

아침 루틴으로 매일 자신에게 성찰의 질문을 던지라.

"오늘이 두 번째 하루라면

나는 첫 번째 하루와 다르게 무엇을 할 것인가?"

주요 과업의 우선순위를 설정하라

"오늘 할 수 있는 가장 중요한 일은 무엇인가?" 아침마다 이 질문에 답할 수 있다면 당신은 앞서가는 전문가 집단에 속할 것이다.

대부분의 직장인들은 전화벨 소리, 짜증내는 고객, 긴급한 메시지, 읽지 않은 이메일이 질문의 답이라고 생각하기 때문인지, 이런 질문을 던질 생각조차 하지 않는다. 하지만 정말 그런가?

사실 모든 과업이 동일한 수익을 낳지는 않는다. 좁은 공간을 왔다갔다하며 칼로리를 소모한다고 해서 중요한 연설을 준비하는 것만큼 큰 가치를 얻지 못할 것이다. 소모하는 칼로리는 같지만 투자 수익은 크게 다르다.

가치 지향 전문가는 힘겹게 얻은 칼로리를 어디에 투자해야 하는지, 무엇을 피하고 무엇을 선택해야 하는지 잘 안다. 그렇기 때문에 일을 수행하면서 불안감을 느끼지 않는다. 그들은 시간과 에너지를 훌륭하고 침착하게 관리한다.

최고의 수익을 가져다줄 기회에 집중하려면 매일 작업 목록 2개를 작성하라. 첫 번째 목록에는 작업을 3개만 적어라. 이 세 가지 항목은 주요 목표의 달성에 가장 중요한 작업이어야 한다. 무슨 일이

3장 생산성을 높이는 시간 관리법

최우선 과업 1

_____

_____

_____ | 마감 시간:_____ |

최우선 과업 2

_____

_____

_____ | 마감 시간:_____ |

최우선 과업 3

_____

_____

_____ | 마감 시간:_____ |

부수적 과업

☐ _____   ☐ _____

☐ _____   ☐ _____

☐ _____   ☐ _____

일어나든지 이 세 가지를 가장 먼저 수행해야 하는 것이다.

두 번째 작업 목록은 이메일에 답장하기, 세탁물 찾아오기 등 하루가 끝나기 전에 완료해야 할 자질구레한 일들을 적는 공간이다.

이렇게 2개의 작업 목록을 만드는 이유는 매우 중요한 일과 오늘 안에 해야 하는 자질구레한 일의 차이를 구분하지 못할 가능성이 크기 때문이다. 가치 지향 전문가는 최우선 과업과 부수적 과업의 차이를 잘 안다.

세탁소에 맡긴 옷을 찾아오는 일이 다가오는 직원 행사의 프레젠테이션을 준비하는 작업만큼 중요하게 여겨지면 안 된다.

예를 들어 나의 최우선 과업은 보통 어떤 형식으로든 콘텐츠를 만드는 것이다. 나는 매일 책 쓰기나 비즈니스 강좌 준비, 프레젠테이션 자료 작성을 먼저 수행하고 나서야 전화받기나 회의 참여와 같은 부수적 과업을 처리한다. 매일 아침 나는 내가 해야 할 세 가지 최우선 과업을 적은 다음 나의 주의력을 요하는 부수적 과업을 쓴다. 그리고 최우선 과업부터 시작한다.

최우선 과업 세 가지를 따로 설정하니 모든 과업을 목록 하나에 적을 때보다 훨씬 빠르게 회사를 성공적으로 성장시킬 수 있었다.

최우선 과업을 세 가지만 적는 이유는 그것보다 많이 나열하면 큰 부담을 느껴 시작하기 전에 그만두고 싶어질 수 있기 때문이다. 내가 우선하는 과업들 대부분은 상당히 커다란 프로젝트의 세부 과업들이다. 예를 들어 내가 책을 쓴다면 탈고하는 데 1년 이상 걸리므로 매일 책 내용의 일부를 쓰는 데 우선순위를 둬야 한다.

단기간에 끝낼 수 없는 거대 프로젝트를 수행할 때 사람들은 단기적 성공에 쉽게 취한다. 책에 들어갈 단락 10개를 쓰기보다 이메일 10통에 답하기가 훨씬 쉽다. 이메일을 모두 회신하면 뭔가를 성취한 것 같지만, 단락 10개를 쓰는 일은 큰 양동이에 겨우 물 한 방울 더하는 것처럼 느껴지기 때문이다.

하지만 속지 말라. 작은 발걸음을 매일 내딛는 것이 중요한 목표를 달성하는 길이다.

명심하라. 중요한 과업이 많아 보여도 실제로는 그렇지 않다. 급한 일이 많다는 소리를 듣게 되더라도 그것을 처리하는 임무는 다른 사람의 몫이다. 누군가가 당신에게 회의 참석을 강요하더라도 그 회의는 사실 당신의 최우선 과업에 도움이 되지 않는다.

나는 이렇게 다른 일을 해야만 할 것 같은 유혹을 '급해 보이는 방해요소'라고 부른다. 긴급하다고 느껴지지만 실제로는 방해만 될 뿐이기 때문이다.

매일 당신은 가장 높은 수익을 가져다 줄 세 가지 기회가 무엇인지 잘 판단해야 한다. 그러지 못하면 수익이 낮은 기회를 더 중요하게 여기고 만다.

그렇다면 수익이 가장 높은 기회가 무엇인지 어떻게 알 수 있을까? 최고의 수익 기회가 무엇인지 알려면 목표 전체를 '역설계reverse engineering' 해야 한다. 당신을 목표에 더 가깝게 다가가도록 만드는 과업은 고수익 기회이고 그렇지 않은 과업은 고수익 기회가 아니다. 가치 지향 전문가는 그 차이를 잘 안다.

경제적인 투자를 한다면, 당신이 가장 중요하게 해야 할 일은 무엇인가? 회사에서 가장 큰 수익을 올리도록 무엇을 할 수 있는가?

매일 이런 과업의 우선순위를 정하면 '급해 보이는 방해요소'에
빠지지 않고 목표에 더 가까이 다가갈 수 있다.

Point!

매일 작업 목록 2개에 가장 높은 수익을 가져다 줄

세 가지 과업을 첫 번째 목록에 적고 부수적 과업은

별도의 목록에 적으라.

3장 생산성을 높이는 시간 관리법

아침 시간을 적극 활용하라

모든 사람의 뇌는 조금씩 다르게 작동하지만 대부분에게, 특히 25세 이상의 사람들은 아침에 뇌 상태가 가장 좋다.

뇌는 스마트폰의 배터리와 같다. 뇌는 생존에 필요한 정보를 처리하기 위해 매일 수백 킬로칼로리를 소모한다. 잠자는 동안 뇌는 재충전되어 다음 날을 준비한다.

아침의 정신 에너지는 점심식사 후의 에너지보다 더 강력하고 기민하다.

가장 시급한 프로젝트를 시작하기 전에 전화를 받거나 여기저기에서 온 이메일에 응답한다면, 수익이 적은 기회에 소중한 에너지를 쏟아붓고 하루 중 가장 가치 있는 시간을 낭비할 가능성이 높다. 나중에 막상 중요한 일을 수행할 때가 되면, 뇌는 이미 피곤해져서 최고의 효율을 내지 못한다.

반면 아침에 중요한 프로젝트에 시간을 쏟는다면 중요한 과업을 완료하고 나서 편안한 마음으로 나머지 시간을 보낼 수 있다.

대부분의 가치 지향 전문가는 중요한 업무를 아침에 완료한다.

회의가 에너지를 고갈시킨다면 회의 일정을 오후에 잡아라. 만

아침 7시	오후 12시	오후 9시
100%	75%	50%

약 주문서 처리가 가장 중요한 과업이라면 이메일을 확인하기 전에 하루 일과의 첫 두 시간을 그 과업 수행에 사용하라. 비즈니스 전략 수립이 주요 업무라면 하루 일과의 첫 한 시간을 전략을 다듬는 데 사용한 후에 전화를 응대하라.

아침에 중요한 업무를 수행하라는 말이 하찮게 들릴지 모르지만, 많은 가치 지향 전문가가 그것이야말로 무엇보다 뛰어난 조언임을 깨달았다. 동료들이 사무실에 출근하자마자 산만함이라는 함정에 빠지는 동안, 가치 지향 전문가는 가장 중요한 업무를 처리할 준비를 마친다. 아침 시간을 활용한다는 규율을 정하고 능숙하게 실천하다 보면 결국 고객과 동료에게서 신뢰를 얻게 될 것이다.

Point /

정신이 맑은 아침 시간에 중요한 일을 배정하라.

초점을 흐리는 것들을 거부하라

기업의 성장에 관해 내가 배운 가장 큰 교훈은 작가로 일하면서 얻었다. 바로 훌륭한 커뮤니케이터는 무엇을 생략해야 하는지 잘 안다는 것이다.

직관에 반하는가? 당신은 훌륭한 커뮤니케이터란 무엇을 말해야 하는지 잘 아는 사람이라고 생각할 것이다. 물론 그렇다. 하지만 여기서 알아둬야 할 사실은, 일단 어떤 말을 내뱉는 순간 다른 말은 할 수 없다는 점이다.

폭탄을 해제하는 히어로가 주인공인 책을 쓴다면, 주인공이 마라톤에 출전하고 싶어 하고 연인과 결혼하고 싶어 하며 고양이를 입양하고 싶어 한다는 흥미로운 이야기를 책에 다 실을 수 없다. 그 모두를 책에 담는다면 줄거리가 모호해지기 때문이다. 스토리가 좋으려면 많은 것을 그 안에 담아서는 안 된다. 많은 걸 담는 순간 독자는 혼란스러워하며 흥미를 잃어버릴 것이다.

사람들 대부분이 자신의 삶을 그렇게 느낀다. 즉, 줄거리가 모호해진 듯하다는 느낌을 가진다. 왜 그럴까? 삶에 초점이 없기 때문이다. 그런 사람들은 자신의 스토리가 무엇에 관한 것인지 혼란스럽다고 고백한다. 또한 그들 중 많은 이가 자신의 인생에, 아니 삶 자체에 흥미를 느끼지 못한다. 그러나 미션을 수행하는 히어로는 무언가에 초점을 맞춘다.

작가가 플롯의 초점을 한 가지 목표에 맞춰야만 스토리가 좋아진다. 팀은 우승해야 하고, 여성은 승진해야 하며, 변호사는 법정에서 이겨야 한다. 다른 목표가 유혹적이라 해도 훌륭한 작가라면 '노!'라고 분명하게 말한다.

물론 현실에서는 말처럼 쉽지 않다. 어머니, 아버지, 딸, 아들, 친구, 관리자, 코치, 리더로서 우리는 굉장히 많은 서브플롯을 동시에 감당해야 하기 때문이다. 함께 놀고자 하는 친구들이 많을뿐더러, 목표와 일치하지 않지만 아주 흥미로운 기회가 우리를 유혹하기 때문이다.

하지만 한번에 많은 것을 감당한다면 한두 가지 일을 수행하기 위한 집중력을 제대로 발휘하지 못한다.

나는 경력 초기에 강의로 돈을 벌었다. 비행기를 타고 여러 곳을 누비며 강의하면서 상당한 돈을 축적했다. 하지만 나는 강의를 많이 할수록 글을 쓰기가 어렵다는 것을 바로 깨달았다. 2년마다 한 권씩 책을 출판하지 않는다면, 강사로 초청될 가능성이 점차 줄어들 터였다.

나는 집에서 책을 더 많이 쓰려면 짭짤한 강의 요청을 거절해야 한다는 전략적 결정을 내렸다. 결정을 내릴 때는 두려움이 앞섰지만, 2년 안에 나는 베스트셀러를 또 한 권 내게 되었고 강의료를 4배나 많이 청구할 수 있었다. 그 결과 집에서 글을 쓰는 시간이 늘어났으며 강단에 서는 시간은 줄었지만, 전체적인 수입은 늘어났다.

나만 그런 것이 아니다. 스티븐 킹은 강의를 거의 하지 않는다. 이것이 그가 책을 많이 쓰는 비결이다. 킹은 책을 수천만 부나 팔았기에 높은 수업료를 받는 강의로 일정을 채울 수도 있었지만, 그러지 않았다. 매일 아침, 그는 책상에 앉아 컴퓨터를 켜고 일정한 양의 글을 쓴다. 그가 이런 원칙을 준수하며 괜찮아 보이는 수천 번의 기회를 '노!'라고 말하며 거절한 덕분에, 독자 수백만 명이 그의 작품을 사랑하게 되었다.

스티븐 킹이 이렇게 정신을 흩트리는 기회를 거절하여 우선순위가 높은 일에 집중하는 규율로 성공했다는 사실을 아는 사람은 거의 없다. 우선순위가 높은 일이 무엇인지 알지 못한다면, 모든 것을 감당하며 자신의 스토리를 착각하느라 삶과 일에서 의미를 찾지 못할 것이다.

초점이 맞춰지고 의미 있는 삶을 살기 위해, 당신은 무엇에 '노!'라고 말해야 하는가?

Point !

초점을 흐리는 것들을 거부하고
우선순위가 높은 일에 집중하라.

전용 시간을 설정하여 효율을 높이라

빌 게이츠는 회의에 절대 늦지 않는다. 이유를 묻자 그는 이렇게 말했다. "시간은 구입할 수 없는 유한한 자원이기 때문이다."

"시간은 돈이다"라는 속담은 옳지 않다. 시간은 돈보다 훨씬 가치 있다. 시간은 말 그대로 삶이다. 그렇기에 자신의 시간에 무엇을 하느냐가 자기 삶을 결정한다.

애석하게도 대부분의 사람들은 시간 관리에 대해 별다른 생각이 없다. 그렇다고 해서 그들의 시간이 무언가에 의해 관리되지 않는다는 뜻은 아니다. 그들의 시간은 텔레비전, 학교 일정, 강압적 관계, 업무에 의해 관리된다.

우리는 절대 자기 지갑 속에 든 돈을 타인이 관리하게 두지 않는다. 시간이 돈보다 훨씬 가치가 큰데, 왜 타인이 자기 시간을 관리하게 두는가?

가치 지향 전문가는 시간이 가장 소중한 자산임을 알기에, 시간을 관리하여 최대 수익을 얻는다. 그리고 일이 삶의 전부가 아니라는 것도 잘 알기에, 가치 지향 전문가는 전용 시간을 설정하여 친구와 가족들과 소중한 시간을 함께 보내고 취미 활동을 즐긴다.

그렇다면 시간을 어떻게 관리해야 할까?

나는 시간을 고속도로의 차선으로 비유한다. 알다시피 몇몇 차선은 다른 차선보다 소통이 빠르다. 고속도로에서는 대부분 왼쪽 차선에서 더 빨리 차를 몰 수 있다. 오른쪽에는 보통 고속도로 진입로와 출구가 있기에 그보다는 느리게 달려야 한다.

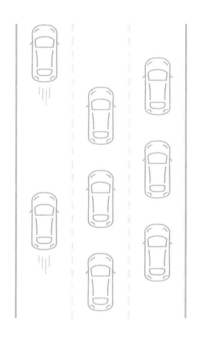

무언가 집중하기 위해 전용 시간을 설정하는 것은 빠른 차선에 진입하여 가속 페달을 밟는 것에 비유할 수 있다.

매일 아침 스스로에게 질문을 던지고, 우선순위가 높은 일을 집중하여 처리한 다음, 나머지 시간을 여러 개의 전용 시간으로 나누어 구성하라. 그렇게 하면 한 시간, 두 시간, 세 시간 단위로 많은 일을 성취할 수 있다. 이 때, 멀티태스킹을 하거나 초점을 흐리는 것들에 휩쓸린다면 생산성이 저하된다.

시간 설정

7 : 30   새 책 작업
___ : ___   _____
___ : ___   _____
___ : ___   _____
___ : ___   _____
___ : ___   _____

동일한 활동에서 아웃풋이 얼마나 나오냐가 커리어를 좌우한다. 가치 지향 전문가는 시간을 전략적으로 사용하지 않는 전문가보다, 같은 시간에 일을 두 배 빠르게 처리할 수 있다.

높은 성과를 내는 전문가는 몇 주 전부터 전용 시간을 설정해둔다. 나는 월요일 종일, 화요일 오전, 수요일 오전을 글쓰기에 배정했다. 화요일 오후와 수요일 오후는 회의를, 목요일 종일과 금요일 한나절은 팟캐스트 녹음과 동영상 촬영을 하기로 되어 있다. 또한 나는 개인적인 시간을 보내기 위해 금요일 오후를 전용 시간으로 설정하고, 평일 저녁과 주말은 친구와 가족을 위한 시간으로 비워둔다.

전용 시간을 설정하면 그 시간이 예약되므로, 초점을 흐리는 일이 끼어들 공간이 없다. 나는 하루를 시작하기 전에 내가 가야 할 곳과 내가 해야 할 것을 미리 정해둔다.

전용 시간을 설정하는 이유는 생산성의 리듬을 만들기 위해서다. 자신에게 큰 수익을 가져다 주는 기회들이 무엇인지 알게 된다면, 일주일을 여러 전용 시간으로 나누어 설정하고 각각의 기회에 알맞은 일을 수행하라.

매주 해야 할 중요한 과업은 무엇인가? 미리 설정해둔 전용 시간에 각 과업을 배정하라. 또한 개인적인 전용 시간을 마련하여 친구와 가족에게 할당된 시간에 실수로 비즈니스 회의를 예약하는 일이 없도록 하라. 전용 시간을 설정하면 더 많은 걸 얻을 수 있다. 시간을 운명에 맡기는 것은 시간을 포기하는 것이나 다를 바 없다.

Point !

전용 시간을 설정하여 생산성의 리듬을 만들라.

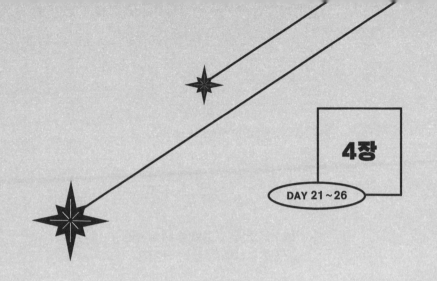

누구나 알아야 할
기업 운영의
기본 원칙

"비즈니스의 시스템을 파악하면
자신의 업무에도 길이 보인다."

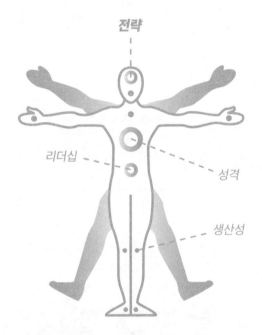

전략

지금까지 가치 지향 전문가의 성격 특성과 함께 비전을 제시하고 생산성을 올릴 수 있는 요소들을 익혔다. 이제부터는 보통 최고위 경영자들만이 아는 비즈니스 관점을 이야기해보자.

팀을 이끄는 리더가 아니더라도 당신이 비즈니스의 작동 방식을 전반적으로 이해한다면 전문가로서 가치가 올라갈 것이다. 여러 해 동안 비즈니스에 몸담은 많은 전문가라면 비즈니스의 작동 방식을 잘 알 거라 기대하겠지만, 놀랍게도 그렇지 못하다.

그들은 비즈니스를 '기업에 돈을 지불하는 고객을 위해 문제를 해결하는 영리 활동'으로 보지 않고 '하나의 커뮤니티'로 간주한다. 즉 고객이 돈을 지불하는 이유가 '회사라는 커뮤니티를 유지시키는 것'이라고 보는 것이다. 이런 관점이 비즈니스를 망가뜨리고 만다. 그것도 아주 빨리.

나는 직장 내 커뮤니티 형성을 지지하지만(그게 없으면 직원들의 사기가 떨어진다), 비즈니스는 재무적인 성공을 거둬야 하며 그러지 않으면 커뮤니티도 더 이상 존재하지 못할 것이다. 또한 비즈니스가 실제로 어떻게 작동하는지 이해하지 못하면 승진이나 연봉 인상을 제때 제대로 하지 못한다. 당신이 소유하거나 경영하는 비즈니스의 실제 작동 방식을 이해하지 못한다면 모든 것을 잃게 될 것이다. 비즈니스는 확고하고 현명한 결정을 내리는 팀원이 있느냐 없느냐에 따라 침몰하거나 아니면 항해를 계속할 수 있다.

그렇다면 비즈니스는 실제로 어떻게 작동할까? 이 하나의 질문에 제대로 답한다면, 당신은 비즈니스를 시작하거나, 경영하거나, 매각하거나, 조정할 수 있다. 비즈니스의 실제 작동 방식을 잘 알면 자유 시장에서 당신의 경제적 가치가 높아진다. 물론 모든 비즈니스가 서로 다르긴 하지만, 중요한 요소 몇 가지는 동일하다. 그런 요소를 잘 이해하면 비즈니스를 건강하고 수익성 있게 만드는 방법도 알게 된다.

앞으로 비즈니스를 비행기에 비유하여 비즈니스의 여러 부분을 살펴볼 것이다. 비즈니스의 각 부분들이 결합하는 방식이 어떻게 비행기라는 튼튼한 기계가 나는 방식과 연결될 수 있는지 알아보자.

작은 사업부에서 일하면서 당신이 그 기계의 어떤 부위에 소속되어 있는지 궁금하다면 이번 장이 도움이 될 것이다. 전체와 부분을 모두 조망할 수 있다면, 당신 자신과 사업부를 이끄는 법을 배울 뿐만 아니라 매출과 이익이 동반 성장하는 비즈니스를 창조하고 유지하는 방법을 타인에게 가르칠 수 있다.

4장 누구나 알아야 할 기업 운영의 기본 원칙

비즈니스가 실제로 작동하는 방식을 이해하라

비즈니스가 망할지 흥할지를 어떻게 알 수 있을까? 이 질문에 답하려면 먼저 비행의 역학을 이해해야 한다.

간단하게 말하면, 비즈니스는 여객기처럼 작동한다. 비유를 위해 비행기가 하늘을 날기 위해 동시에 작동해야 하는 다섯 가지 요소를 각각 살펴 보자. 각 요소는 비즈니스의 각 영역에 해당한다. 각 영역의 균형을 유지하지 못하면 비즈니스는 추락하고 만다.

비행기 본체: 간접비 overhead

비행기 본체는 사람과 화물을 싣는 곳이다. 비행기의 가장 큰 부분이자 핵심이다. 비행기는 사람들을 목적지까지 데려다주기 위해 존재한다. 이는 비즈니스가 존재하는 이유이기도 하다. 비즈니스는 고객의 문제를 해결하기 위해 존재한다. 그 문제를 해결하는 대가로 돈이 오고가고 직원들은 일자리와 건강보험 등을 얻는다.

비행기 본체는 간접비를 의미한다. 간접비에는 인건비, 건강보험료, 임대료, 사무용품 등이 포함된다. 고객의 문제를 해결하는 데

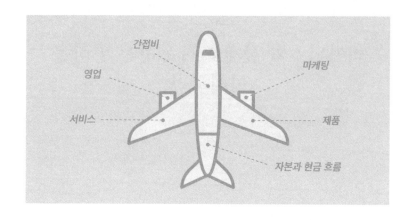

인력과 물품이 소요되기에 간접비는 필수적으로 발생한다.

날개: 제품과 서비스

날개가 있어야 비행기가 공중에 떠오를 수 있다. 엔진이 비행기를 앞으로 밀면 기압에 의해 날개가 지면에서 뜨고 그에 따라 비행기 본체가 떠오르는 것이다.

제품과 서비스는 비즈니스를 떠오르게 만든다. 비행기의 날개는 비즈니스가 판매하는 모든 것을 상징한다. 판매하는 모든 제품을, 비행기에 양력을 제공하는 날개로 인식하라. 수익성 있는 제품이 없으면 공기가 있더라도(매출이 발생한다 해도) 비행기를 지면에서 떠오르게 만들 수 없다.

오른쪽 엔진: 마케팅

엔진은 비행기를 앞으로 밀어낸다. 엔진이 하나인 비행기라면 마케팅팀만 있겠지만, 엔진이 두 개라면 마케팅팀과 영업팀이 함께 존재한다. 비행기를 앞으로 밀어내는 엔진 없이 날개만으로 공중에 떠오를 수는 없다. 마케팅 시스템이나 영업팀이 비즈니스를 앞으로 전진시키며 제품을 판매해야 한다.

마케팅은 영업보다 먼저 이루어져야 한다. 그 이유는 마케팅의 비용이 보통은 적게 들기 때문이고, 마케팅이 이루어져야 영업팀이 명확한 메시지를 시장에 제시할 수 있기 때문이다.

왼쪽 엔진: 영업

엔진 하나만으로도 날 수는 있지만, 하나를 더 작동하면 더 큰 추력으로 비행기를 움직여 더 많은 양력을 얻을 수 있다. 더 빠르고 더 멀리 날 수 있을 뿐만 아니라 비행기 본체도 더 크게 만들 수 있기 때문에, 더 많은 사람을 고용하여 고객을 위해 더 많은 문제를 해결할 수 있다.

두 번째 엔진은 영업 활동에 해당한다. 영업팀이 좀 더 많은 돈을 가져오는 덕분에 비즈니스는 성장하고 확장할 수 있다.

연료: 자본과 현금 흐름

마지막으로, 비행기에는 연료가 필요하다. 비행기가 아무리 효율적이고 가벼워도 연료가 없으면 추락하고 만다. 연료는 현금 흐름에 해당한다. 현금이 바닥나더라도 비즈니스가 조금은 더 날 수 있지만, 결국에는 파산하여 비행기에 탑승한 모든 사람의 생계 수단을 앗아간다.

비즈니스를 성장시키기 위해 대출을 받거나 투자를 받을 수 있겠지만, 결국 모든 비즈니스의 목표는 '양positive의 현금 흐름'으로 운

영하는 것이다. 비즈니스를 운영하기에 충분한 현금을 확보하는 것
이 성공을 이끌어내는 가장 중요한 요소다.

어떻게 비즈니스를 계속 날아오르게 할까?

비행기의 각 요소가 조화를 이루지 못하면 비행기는 추락하고 만다.
좌우 엔진은 비행기를 앞으로 움직이기에 충분한 추력을 발생시켜
야 하고 날개는 양력을 형성할 만큼 충분히 커야 한다. 비행기 본체
는 엔진과 날개로 들어올릴 수 있을 만큼 충분히 가벼워야 한다. 또
한 비행기가 하늘을 날기에 충분한 연료가 있어야 한다.

이 모든 원칙은 비즈니스에도 동일하게 적용된다. 고객이 원하
는 제품을 만들어야 하고, 마케팅 및 영업 활동이 제품을 판매할 수
있을 만큼 강력해야 한다. 게다가 비행기가 원활하게 움직이도록 간
접비를 가볍게 유지해야 하고, 각종 비용 지출을 충당할 만큼 충분한
현금을 보유해야 한다.

비즈니스 리더가 간접비를 늘리면서도 그 비용으로 더 좋은 제
품이나 더 강력하고 더 효율적인 판매를 만들지 못한다면, 그건 양력
의 증가 없이 비행기를 더 무겁게 만드는 것과 마찬가지다. 이는 위
험한 결정이다. 비행기의 모든 요소는 서로 조화를 유지해야 한다.
언제나!

고객이 요구하는 성공적인 제품군이 없는데 땅값이 비싼 지역
으로 사무실을 이전하는 것은 끔찍한 결정이다. 날개를 더 크게 만들
거나 엔진을 더 강력하게 만들지 않고서 비행기 몸체를 더 무겁게 만
드는 짓이기 때문이다.

이런 식의 불합리한 결정을 지속적으로 내리면 비즈니스는 망하고 만다.

현명한 비즈니스 리더는 비행기 비유를 바탕으로 회사 전체 혹은 특정 사업부를 운영하고 다음과 같은 사항들을 늘 염두에 둔다.

1. 간접비가(특히 반복적 비용이) 늘지 않도록 한다
비용으로 인해 비행기 본체가 너무 무거워지고 전체 인력의 직업 안정성이 위태로워질 수 있다.

2. 마케팅 및 영업 활동이 효과적으로 수행되는지를 살피기 위해 일일 혹은 주간 보고서를 검토한다
간접비를 충당할 만큼 왼쪽과 오른쪽 엔진이 제품 판매를 촉진하는지 확인한다.

3. 생산하는 제품의 이익이 판매에 필요한 간접비를 충당할 만큼 많은지 확인한다
모든 제품이 각각의 생산 비용과 간접비를 충당할 만큼 수익을 내는지, 총이익이 전체 직원의 직업 안정성을 제공할 만큼 충분히 큰지 확인한다.

4. 생산, 판매, 마케팅의 효율을 지속적으로 끌어올린다
훌륭한 비즈니스 리더들은 효율에 집착한다. 유능한 비행기 엔지니어와 마찬가지로 비즈니스 리더는 더 가볍고 더 빠르며 더 효율적인 기계를 만들기 위해 항상 노력한다. 다시 말해, 활동 대비 아웃풋 비율이 충분히 커서 자본을 더 효율적으로 활용할 수 있는지를 확인한다.

비즈니스는 성장하면서 훨씬 복잡해지기 마련이지만, 다섯 가지지 중요 요소는 결코 변하지 않는다.

비즈니스의 작동 방식을 이해하면 작동하는 것과 작동하지 않는 것을 신속하게 분석하고 비즈니스의 건강 상태를 점검할 수 있다.

앞으로 5일에 걸쳐, 비즈니스를 좀 더 잘 운영하는 방법을 학습하기 위해 비행기의 각 요소를 자세히 살펴볼 것이다.

비즈니스가 실제로 어떻게 작동하는지 이해하고 나면 비즈니스나 특정 사업부를 더 강력하고 효율적으로 만드는 훌륭한 결정을 내릴 수 있다.

Point /

건강한 비즈니스의 다섯 가지 요소를 이해하여

비즈니스의 추락을 예방하라.

간접비를 최대한 가볍게 유지하라

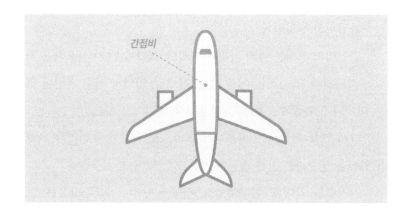

간접비

비즈니스가 실패한다면 그 이유는 하나다. 바로 매출로 충당하기에는 간접비가 너무 높아졌기 때문이다. 다시 말해, 엔진은 출력이 너무 약하고 날개는 너무 작아서 과도하게 커진 몸을 들어올릴 수 없는 것이다.

간접비를 낮추라는 원칙은 매우 자명해 보인다. 애석하게도 이렇게 가장 기본적인 원칙이 비즈니스를 운영하는 과정에서 종종 무시되곤 한다.

비즈니스가 안개에 휩싸일 때 리더는 돈이 많이 드는 시장조사나 상여금 제도를 승인하고, 실패한 제품 출시를 더 강하게 밀어붙이기 쉽다. 그러는 바람에 현금 흐름이 갑자기 0이 되고 만다.

항상 갑작스럽게 현금 흐름이 0이 된 것처럼 보인다. 아무도 그렇게 되리라 예상하지 못한 듯 하다.

이런 실패는 이해할 만하다. 제품을 생산하거나 마케팅 전략이 얼마나 훌륭한지 상상하느라 너무나 바쁜 나머지 간접비가 증가하기 시작하는 걸 눈치채지 못할 수 있기 때문이다.

간접비란 무엇인가?

간접비의 정의는 여러 가지가 있지만, 내가 수년 간 사용해온 정의는 간단하다. 간접비는 제품 생산, 마케팅, 영업과 직접 관련이 없는, 비즈니스 수행에 드는 모든 비용이다.

다시 말해 간접비는 비즈니스를 앞으로 나아가게 하거나 날개에 양력을 창출하는 일과 관련이 없는 모든 것이다.

간접비는 임대료, 건강보험료, 사무실 냉장고 속 탄산음료, 그 냉장고 속에서 깜빡거리는 전구다. 제품을 생산, 마케팅, 판매하지 않는 모든 인력에 대한 급여 또한 간접비다.

수익이 높은 활동에 돈을 쓰지 않는다면, 그 지출에 의문을 제기해야 한다. 이것이 간접비를 감시하는 핵심이다.

그렇다고 해서 마케팅, 판매, 생산에 원하는 만큼 돈을 써도 된다는 뜻은 아니다. 언제 어디서든 가볍고 날씬하며 효율적이어야 한다. 즉, 더 큰 양력을 창출하는 데 드는 비용의 지출을 비행기에 무게만 추가하는 비용보다 훨씬 먼저 승인해야 한다.

4장 누구나 알아야 할 기업 운영의 기본 원칙

간접비(비행기 본체)가 증가하는데 고객에게 제공하는 제품은 매우 부족하고(날개가 너무 작고) 마케팅 및 영업 활동을 강력하게 수행하지 않는다면(엔진 출력이 너무 약하다면) 비행기는 추락할 것이다.

비즈니스가 성공하길 바란다면 이 원칙을 반드시 명심해야 한다.

제품 출시 여부를 결정할 때 가치 지향 전문가인 비즈니스 리더는 언제나 제품의 출시가 간접비에 어떤 영향을 미칠지 파악하고자 한다. 왜 그럴까? 제품을 출시하더라도 간접비는 거의 매번 증가하기 때문에 그는 전보다 커진 날개가 무거워진 본체에 충분한 양력을 제공할지 계산하고자 한다.

조종사는 이륙하기 전에 비행기가 너무 무겁지는 않은지 신중하게 계산한다. 작은 비행기에서는 안전을 위해 수화물과 승객을 줄이기도 한다.

똑똑한 리더라면 비행기의 날개가 크고 두 엔진 모두 강력하며 본체가 날렵하고 가벼운지 확인한다. 그렇지 않으면 비즈니스가 추락한다는 사실을 잘 알기 때문이다.

다시 말하지만, 요점은 이렇다. 간접비를 줄이는 것이 항상 최우선이다. 줄이지 않으면 비즈니스가 너무 무거워져 추락하고 말 것이다.

다음은 비즈니스를 날렵하고 가벼우며 안전하게 유지하기 위해 현명한 비즈니스 전략가들이 던지는 질문이다.

1. 이 제품을 만들어 출시하고 판매하면 누구의 시간이 소요될까?

시간은 비싼 자원이다. 제품을 출시할 때 직원들의 시간이 얼마나 많이 소요될지 계산하지 못하면 비즈니스의 안정성은 위태로워진다.

2. 이 프로젝트를 실행하려면 어떤 사람들을 채용해야 하고 그들에게 얼마의 급여를 지급해야 할까?

급여는 일반적으로 가장 큰 비용이라서 제품 출시 전에 그 비용이 얼마나 늘어날지 미리 파악해야 한다. 뿐만 아니라 늘어나는 급여 중 관리 부문의 급여가 차지하는 비율도 파악해야 한다. 제품 생산, 마케팅, 영업은 비행기의 양력 제공에 기여하지만 관리의 상당 부분은 간접비라는 점을 기억하라.

3. 이 제품을 출시하면 간접비가 얼마나 증가할까?

더 큰 사무실이 필요하고, 건강보험료 지출이 많아질까? HR부서가 확대되고 교육 훈련에 더 많은 비용이 들까? 다시 말해, 비행기 날개를 더 크게 만들 경우 날개를 지탱하기 위해 본체는 얼마나 커져야 할까?

4. 비행기 전체가 지나치게 무거워지지 않도록 이번 출시에서 불필요한 비용을 줄일 수 있을까?

비행기가 안전하고 신뢰할 수 있기를 바란다면 엔진의 효율과 추력을 높이고 본체의 무게를 줄여야 한다. 다시 말해, 모든 곳에서 효율을 높여야 한다.

Point /

비즈니스를 안정적으로 운영하려면
비용을 제품 생산, 마케팅, 영업, 간접비라는
네 가지 카테고리로 구분하라.

올바른 제품을 만들어 판매하라

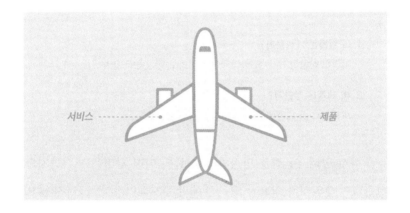

처음 제품을 출시하려고 할 때, 무슨 제품을 만들어야 하고 어떤 제품에 소중한 영업 자원을 할당해야 하는지 혼란스러울 수 있다.

때로는 감정적으로 결정을 내린다. X 제품을 만들려는 팀이 마음에 들거나 그 팀에 빚을 졌다고 해보자. 아니면 지난 경영회의에서 Y 제품을 생산해야 한다고 강조한 바 있으며 판매량이 적더라도 추가 자원을 투여하여 그 결정을 밀어붙여야 한다고, 그러지 않으면 남들에게 나쁜 결정을 내린 사람으로 보이게 된다고 하자. 더 심각하게는, Z 제품에 집중하면 재빨리 매출을 올릴 기회가 있지만 엄청난 비용 지출을 감수해야 한다고 해보자.

이러한 상황은 해당 제품을 개발하거나 거기에 귀중한 영업 및 마케팅 자원을 할당할 합당한 이유가 되지 못한다.

제품은 비행기의 날개에 해당한다. 제품을 팔아야 비행기가 공중에 떠서 날아오른다.

집중해야 할 제품을 선택한다면 다음 두 가지 핵심 특성을 지녔는지 판단하라.

1. 이 제품은 가벼운가?

이익이 상당하거나, 혹은 이익이 적더라도 대량 판매할 수 있는가?

2. 이 제품은 강한가?

시장에서 이 제품에 대한 강력한 수요가 있는가?

다시 말해, 이 점을 명심하라. 제품에 어떤 감정을 느끼는지와 상관없이 수익성과 수요가 있는 것에만 투자해야 한다. 그러지 않으면 비행기는 작고 약한 날개를 달게 되어 머지않아 추락한다.

제품을 개발할지, 판매할지, 아니면 제품을 소유한 회사를 인수할지 결정할 때, 수익성과 수요가 가장 중요한 고려 사항이다. 재차 강조하건대, 제품에 수요와 수익성이 없으면 비행기 날개는 작고 나약해진다. 간접비를 충당하지 못해서, 즉 본체를 하늘로 띄우지 못해서 추락할 것이다.

이 두 가지 기준은 제품군을 간소화하는 데도 중요하게 사용된다. 예를 들어 회사가 몇 년 전에 현금이 절실해서 X 제품을 500달러에 판매하기로 결정했다고 하자. 그 덕에 현금 흐름이 잠시 좋아졌지만 얼마 지나지 않아 다시 악화됐다. 생산 비용이 425달러나 들었는데, 75달러로는 간접비를 충당하기 어려웠기 때문이다.

그렇다면 X 제품은 가볍다고 말할 수 없다. 충분한 이윤을 창출하지 못했기 때문이다.

어떤 고객이 시장에 출시해달라고 강력하게 주장해서 제품을 개발했다고 하자. 그 고객이 구매를 약속했기에 많은 자본을 들여 제품을 출시했지만 그걸 원하는 고객이 세상에 한 사람뿐임을 뒤늦게 깨달았다면? 그 고객 외의 수요는 아예 없었다면?

이는 잘못된 결정이다. 수익성이 있다 하더라도 수요가 많지 않았기 때문이다.

위의 두 가지 기준(가볍다, 강하다)에 따라 회사를 청소하라. 현재 판매하는 제품 중에서 수익성이 없는 것이 있는가? 더 이상 수요가 없어서 창고에서 먼지만 뒤집어쓰는 제품이 있는가?

수익성이 없거나 수요가 없는 제품을 폐기하고 그 둘을 모두 갖춘 제품으로 교체해야 비행기 날개를 신속하게 강화할 수 있다.

물론 어떤 제품은 나중에 다른 제품의 판매를 높이기 위해 원가대로 혹은 원가 아래로 판매하는 미끼 상품인 경우가 있다. 이런 제품이라면 수요와 수익성이 없더라도 계속 남겨둬도 무방하다. 하지만 유의하기 바란다. 수요가 많고 수익성이 높으며 계속 더 많이 팔리는 제품을 만드는 것이 훨씬 좋은 전략이다.

판매하는 제품들을 분석하라. 각 제품은 강하고 가벼운가? 수요가 있는가? 수익성이 충분한가?

그렇지 않다면 비행기의 양력 발생에 기여하지 않는 제품을 제거하여 소중한 간접비와 에너지를 낭비하지 않도록 하라.

비행기가 안전하게 하늘을 날려면 날개가 강하고 가벼워야 하며, 비즈니스가 안전하게 운영되려면 제품의 수요가 충분하고 수익성이 높아야 한다.

Point /

비즈니스의 매출과 이익을 높이려면 판매하는 제품의

수요가 많고 수익성이 높은지 분석하라.

4장 누구나 알아야 할 기업 운영의 기본 원칙

마케팅에 우선순위를 두라

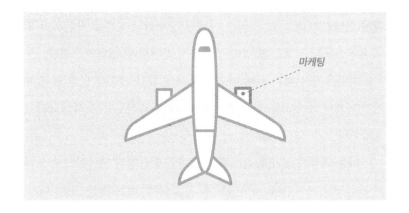

마케팅

내가 가장 좋아하는 영화 중 하나는 〈꿈의 구장〉이다. 이 영화에서 농부로 나오는 케빈 코스트너는 옥수수밭에 야구장을 만들라는 신비로운 목소리를 듣는다. 그 목소리는 계속해서 이렇게 속삭인다. "야구장을 만들면 사람들이 올 거야." 그는 그렇게 했고 정말로 사람들이 몰려들었다.

내가 아는 한 이 영화 속 이야기는 '만들어졌다는 이유만으로 사람들의 주목을 받은' 유일한 사례다. 애석하게도 마케팅 캠페인의 도움을 받지 못하면 우리 삶의 거의 모든 것이 타인의 주목을 쉽게 받을 수 없다.

이것은 법칙이다. "당신이 만든 것으로 사람들을 끌어당기지 않으면, 그들은 찾아오지 않는다."

단순히 제품이 훌륭하다고 해서 비즈니스가 번창할 거라는 생각은 큰 오산이다. 세상에는 훌륭한 제품이 너무나 많다. 그렇기에 고객에게 제품을 알리는 기술을 마스터한 기업이 번창한다.

성공적인 마케팅 캠페인을 구축하는 방법은 뒤에서 일주일에 걸쳐 설명하기로 하고, 지금은 마케팅 캠페인의 효과를 확인하기 위해 제품을 테스트하는 방법이 무엇인지 간단한 팁을 알려주겠다.

제품을 출시하기 전에 마케팅 부서에 해당 제품을 위한 랜딩 페이지(마케팅 페이지)를 만들어 제품에 대한 관심도를 조사해달라고 요청한다.

나는 제품이 실제로 존재하는 것처럼 만들어진 웹사이트로 고객의 관심도를 조사한다. 웹사이트에 '지금 구매' 버튼 대신, '구매 대기' 버튼을 배치해서 얼마나 많은 사람이 그 버튼을 클릭하는지 살핀다.

제품이 존재하기도 전에 마케팅 데이터를 수집함으로써 얻는 효과는 다음과 같다.

1. 마케팅 언어를 명확히 하는 데 도움이 된다

제품의 판매 페이지를 만들면 고객의 관심을 끄는 언어를 만들고 검토하기가 용이하다. 페이지를 만들어 직원의 입장에서 검토한 다음 피드백 받고 싶은 특정 잠재고객들에게 페이지를 공유하라.

4장 누구나 알아야 할 기업 운영의 기본 원칙

2. 고객의 관심도를 확인할 수 있다

마케팅 언어를 명확히 하고 나면, 일반 대중 혹은 특정 고객들에게 페이지를 공개하고 선주문을 받아라. 선주문을 받으면 제품에 대한 기대감을 높일 수 있고 사람들이 제품에 관심이 있는지를 초기에 파악할 수 있다.

대략적인 내용으로 랜딩 페이지를 채우더라도 제품을 시장에 출시하듯이 만들어야 한다. 모든 세부 사항을 고려해야 한다.

마케팅 언어를 테스트하는 것은 엔진을 비행기 본체에 달기 전에 테스트하는 것과 같다.

대부분의 기업은 자신들의 에너지를 제품 개발에 집중하느라 마지막 순간에 이르러서야 마케팅 아이디어를 준비하곤 한다. 하지만 올바른 마케팅 언어가 없으면 제품이 만들어진 후에 아무도 그 제품에 매력을 느끼지 못할 것이다. 그래서 엔진, 즉 마케팅 전략을 먼저 테스트해야 한다.

테스트 판매 페이지를 미리 만들어놓으면 제품을 어떻게 설명할지, 제품이 시장에서 성공 가능성에 대해 자신감을 얻을 수 있다. 또한 제품 출시 전에 마케팅팀(혹은 마케팅 계획)을 잘 준비해두어, 마지막 순간에 이르지 않고서도 이 중요한 엔진이 비행기에 추력을 제공하는지 확인할 수 있다.

물론 고객에게 '선판매'하기 전에 제품이 실제로 만들어질 수 있는지를 확인해야 한다. 주문이 너무 적어서 제품 출시를 취소하고 환불해야 하는 경우가 있기 때문이다. 출시를 강행하면 비행기가 추락할 수도 있다.

다시 말하지만, 성공적인 마케팅 캠페인을 구축하는 방법은 뒤에서 일주일간 설명할 것이다.

지금은 위험한 실수를 범하지 않도록 제품 출시 전에 마케팅 테스트를 해야 한다는 점을 기억하기 바란다.

마케팅 판매 페이지를 만들어

마케팅 언어를 테스트함으로써 제품 출시 전에

고객의 관심도를 측정하라.

4장 누구나 알아야 할 기업 운영의 기본 원칙

세일즈 시스템을 가동하라

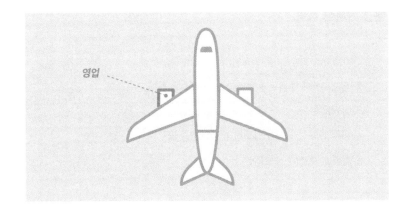

영업

영업이라는 비즈니스 엔진이 추진력을 내려면 세일즈 시스템이 필요하다.

영업 사원 한 명을 고용해서 자유롭게 영업 활동을 하라고 놔주는 것만으로는 충분치 않다. 각 영업 사원은 고객을 끌어올 경로를 알아야 하며, 뛰어난 능력을 발휘하려면 책임 의식을 갖추어야 한다.

단계별 구매 경로를 설정하게 되면 당신, 당신의 영업 사원, 전체 영업 조직이 얼마나 더 많은 것을 창출할 수 있는지 자문해보라.

단계별 구매 경로가 있으면, 고객이 구매 경로상 어느 단계에 있는지를 확인하고 그 지표에 따라 고객을 안내할 수 있다.

물론 핵심은 더 많은 거래를 성사하는 것이다. 주간 및 월간 목표를 설정하여 영업 사원들이 더 많은 고객을 구매 경로로 안내하도록 동기를 부여해야 한다.

단계별 구매 경로

잠재고객과의 거래를 성사하려면 모든 영업 사원이 다음과 같은 단계를 거쳐야 한다.

1. 잠재고객(리드lead)을 검증한다.
2. 잠재고객에게 정보를 보내고 전화 약속을 한다.
3. 미팅을 한다.
4. 미리 정해진 요점을 강조하여 제안서를 보낸다.
5. 거래 성사 단계에 들어선다.

구매 경로를 구성하는 방법에는 여러 가지가 있지만, 경로만 있으면 목표를 설정하고 모든 잠재고객의 구매 진행 상황을 모니터링할 수 있다. 8장에서 단계별 구매 경로를 보여주는 세일즈 시스템을 자세히 설명하겠지만, 지금은 고객을 끌어들이고자 하는 경로를 미리 결정해야 구매 경로의 각 단계에 얼마나 많은 잠재고객이 있는지 헤아릴 수 있다는 점을 알아두기 바란다.

핵심은 이것이다. 단계별 구매 경로를 설정하면 고객 니즈를 더 많이 파악하게 되므로, 더 의미 있는 관계를 맺고 더 많은 고객의 문제를 해결하며 더 많은 거래를 성사할 수 있다.

거래 성사로 고객을 유도하기 위한 단계별 구매 경로가 있는가? 그리고 잠재고객이 경로상 어느 단계에 있는지 파악하여, 고객에게 가능한 한 가장 도움이 되는 방식으로 소통할 수 있는가? 그렇지 않다면, 세일즈 시스템을 구축하여 더 많은 고객에게 서비스를 제공하고 전체 매출을 향상하라.

Point !

고객이 따를 수 있는 단계별 구매 경로를 설정하고
모든 잠재고객의 구매 진행 상황을 모니터링하라.

현금 흐름을 보호하라

자본과 현금 흐름

거대하고 강한 날개, 가벼운 본체, 강력한 두 개의 엔진을 가진 완벽하리만큼 튼튼한 비행기가 있더라도 연료가 떨어지면 끔찍한 추락을 면치 못한다.

비즈니스에서는 은행에 있는 가용 자금이 바로 연료다. 현금 흐름이 좋지 않으면 비행기는 필연적으로 추락하고 만다.

모든 결정이 현금 흐름에 어떤 영향을 미칠지 스스로에게 물어야 한다. 신제품 출시를 위해 막대한 규모의 연구 개발이 필요하고 생산에 드는 비용이 엄청날 뿐만 아니라 해당 제품의 판매 주기 또한 길다면, 연료가 빠르게 소모될 것이다. 그런 결정은 신중하게 내려야 한다.

정말 많은 비즈니스 리더가 프로젝트에 공급할 연료가(자본이) 있는지를 그저 직감으로 판단하곤 한다. 훌륭한 조종사라면 그러지 않을 것이다.

사실 비행 강습을 몇 번 받은 사람은 이륙하기 전에 연료 게이지조차 믿지 말아야 한다는 점을 잘 안다. 날개 위로 기어올라가 도구를 사용해 탱크에 연료가 충분한지 눈으로 확인해야 한다.

다음은 비즈니스에서 중요한 결정을 내리기 전에 재무 상태를 확인하고자 던져야 할 일곱 가지 질문이다.

1. 출시하기 전, 이 제품을 개발하기까지 얼마나 많은 현금이 필요한가?
2. 이 제품의 이익률은 얼마인가? 회사 금고에 현금을 되돌려 놓을 수 있는 수준인가?
3. 이 제품으로 언제부터 돈을 벌기 시작하는가?
4. 이 제품을 출시하면 다른 수익원에 어떤 영향을 미치는가? 다른 곳에서 들어오는 현금이 줄어드는가?
5. 이 제품에서 손실이 발생하면 다른 곳에서 매출과 이익이 발생하는가? 그렇다면 그 액수는 얼마인가?
6. 어떻게 해야 이 제품의 수익성을 높일 수 있는가?
7. 더 많은 돈을 벌려면 이 제품을 얼마나 업그레이드해야 하는가?

이런 질문을 던져 각 수익원을 다시금 생각하고, 얼마나 벌어들일지 실제 수치를 파악하라. 그 수치에 도달할 때까지 연료가 충분해야 할 것이다. 실제 수치는 그 여정을 계속할 수 있을지 없을지를 알려준다. 숫자는 거짓말을 하지 않는다.

팀원과 대화하며 그가 현금 흐름을 이해하지 못함이 명백해진다면, 리더는 이를 가장 긴급한 적신호라 느껴야 한다. 의사결정은 회사에 들어오는 현금의 양에 직간접적으로 미치는 영향을 기반으로 내려져야 한다.

나는 이런 사고방식을 '연료 필터'라고 부른다. "이것이 현금에 어떤 영향을 미칠까?"란 질문으로 모든 결정이 필터링되어야 하기 때문이다.

Point !

모든 의사 결정에서

현금 흐름에 어떤 영향이 있는지 물어야 한다.

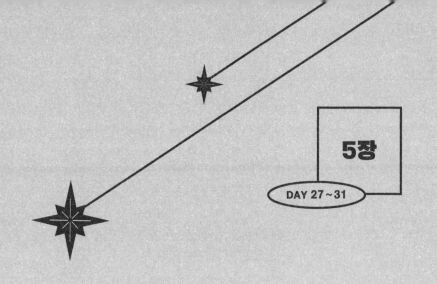

정확한 의도를 전달하는 마케팅 메시지

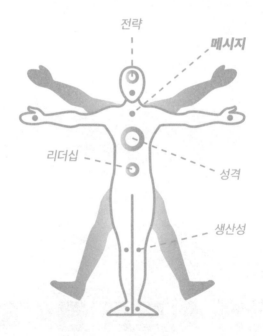

"고객이 원하는 결과를 줄 수 있다는 것을
끊임없이 알려야 한다."

메시지

5장에서는 마케팅 메시지를 명확히 하는 법을 학습할 것이다.

마케팅 메시지로 고객에게 프로젝트의 중요성을 설명하지 못한다면, 진행 중인 모든 프로젝트는 아무런 소용이 없다.

고객은 좋은 제품에 끌릴 뿐만 아니라 그 제품을 명확하게 설명하는 메시지에도 끌린다.

앞으로 마케팅 메시지를 명확화하는 방법과 '사운드 바이트 soundbite'(방송, 광고, 연설에서 사용되는 인상적인 한마디－옮긴이)를 사용해 '세일즈 퍼널'을 만드는 방법을 알아볼 것이다.

마케팅 메시지를 명확히 할 줄 아는 전문가는 시장에서 수천 명이상의 가치를 발휘한다. 이유가 뭘까? 명확한 메시지가 제품을 판매하기 때문이다.

앞으로 5일 동안 명확하고 설득력 있는 메시지로 고객을 끌어들이는 법을 설명하겠다.

사람들이 당신의 제품을 구입할 때 삶의 어떤 부분이 더 나아지는지 명확하게 설명한다면 더 많은 제품을 판매할 수 있을 것이다. 고객이 당신의 제품을 구매하고 싶게끔 이끄는 전략적인 사운드 바이트를 어떻게 만들어야 하는지 가르쳐주고자 한다.

사운드 바이트를 만든 다음에는 철저히 암기하고, 마치 세상을 정복할 것처럼 그걸 반복해 외쳐야 한다. 이것이 바로 훈련된 마케터가 해야 할 일이다. 그들은 멘트를 철저히 암기함으로써 세상을 압도한다. 아마추어는 그저 자신의 생각을 말하지만, 가치 지향 전문가는 삶을 변화시킬 제품을 구매하도록 고객을 끌어당기는 사운드 바이트를 거듭 외쳐서 사람들의 생각을 이끌어간다.

사운드 바이트를 완성했다면 오른쪽 페이지의 그림과 같이 하나의 스토리로 재구성해야 한다. 앞으로 5일 동안 학습하고 나면 그림을 이해할 수 있을 것이다.

메시지를 명확히 하는 방법을 습득하고 나면 해당 메시지를 사용해 마케팅 자료를 만들 수 있고, 대중에게 연설하며 '엘리베이터 피치elevator pitch'(엘리베이터에서 만난 사람에게 이야기하듯이 상품이나 서비스를 빠르고 간단하게 설명하는 것—옮긴이)를 시도할 수 있으며, 당신이 하는 일이 왜 중요한지도 설명할 수 있다. 간단히 말해, 명확한 메시지를 마련해두면 비즈니스로 세상에 긍정적인 영향을 미칠 수 있다.

당신의 제품이 사람들의 삶을 어떻게 변화시키는지 명확하게 말할 수 있는가? 사람들이 제품을 더 많이 알고 싶게끔 만들거나 구

주인공
가이드
난관
계획
행동 촉구
성공
실패

매 결정을 내리게끔 유도하는 멋진 사운드 바이트가 있는가? 웹사이트의 골격을 만들거나 연설문을 작성하려고 할 때 혹시 당신은 막막한 기분이 드는가?

　앞으로 당신의 메시지를 명확화하여 사람들이 기꺼이 듣도록 하는 방법을 알려주겠다.

스토리를 사용해 고객을 끌어당기라

평균적으로 사람들은 하루의 30퍼센트를 공상하는 데 쓴다. 사실 사람들은 타인과 대화하고, 연설을 들으며, 스마트폰을 뒤적이고, 식사를 하는 상당한 시간을 멍한 상태로 보낸다.

공상에 잠기거나 멍하니 있는 것은 나쁜 일이 아니다. 오히려 생존에 꼭 필요한 메커니즘이다. 공상에 잠기면 생존 투쟁을 벌일 때를 대비하여 정신 에너지를 비축할 수 있다. 무언가가 흥미롭지 않다면 사람들의 마음은 '공상 모드'로 전환될 것이고, 그러면 위협에 직면할 때 필요하게 될 에너지를 사용하지 않고 저장할 수 있다.

애석하게도 이는 상대방에게 중요한 것을 설명하려고 할 때마다 그들이 공상에 빠지려는 유혹을 물리쳐야 한다는 뜻이다.

사람들이 공상에 빠지지 않게 막는 유일한 도구는 스토리다. 사람들은 스토리를 듣기 시작하면 공상을 멈추고 주의를 기울인다. 그만큼 스토리는 강력하다.

하지만 대부분의 사람들은 스토리를 전달하는 방법을 모르고, 스토리에서 메시지를 걸러내어 상대의 관심을 끌어내는 방법을 분명하게 알지 못한다.

그 방법을 알게 된다면 당신의 현재가 바뀔 것이다. 나는 당신에게 스토리를 전달하는 공식을 알려주고, 그 공식을 풀어서 멋진 마케팅 메시지를 작성하고 훌륭하게 프레젠테이션하여 사람들의 관심을 끄는 방법을 알려줄 것이다.

먼저, 공식을 보자.

무언가를 원하는 캐릭터: 좋은 이야기는 캐릭터에서 시작된다. 주인공이 화면에 나타나면 그 주인공이 원하는 게 무엇인지 몇 분 안에 드러나야 한다. 주인공이 원하는 것이 무엇이든 명확하게 정의돼야 한다. '그는 그녀와 결혼하고 싶어 한다', '그녀는 폭탄을 해체하고 싶어 한다'라고, 원하는 것이 구체적이어야 한다. 그렇지 않으면 아무도 이야기를 경청하지 않을 것이다.

주인공이 난관에 직면한다: 세상은 주인공이 원하는 것을 얻도록 내버려두지 않는다. 만약 원하는 것을 쉽게 얻게 놔둔다면 스토리는 재미가 없을 것이다. 주인공이 고군분투하는 문제를 정의해야 한다. 문제가 핵심이다. 문제를 정의하지 않으면 사람들은 눈길을 주지 않는다.

주인공이 가이드를 만난다: 주인공은 자신의 문제를 극복했던 사람, 즉 가이드라는 또다른 캐릭터를 만나야 한다. 가이드는 주인공이 난관을 해결하고 승리하도록 돕는다.

가이드가 주인공에게 계획을 알려준다: 가이드는 주인공에게 문제를 극복할 계획을 알려준다. 보통 이 계획은 주인공이 승리하기 위해 거쳐야 하는 여정을 단계별로 보여준다.

가이드가 주인공에게 행동하라고 요구한다: 계획을 제시한 후 가이드는 주인공에게 행동을 촉구한다. 주인공은 난관을 해결하고 극복하기 위해 여정을 떠나야 한다. 가이드가 강하게 요구해야 주인공은 비로소 행동을 취한다.

보상을 정의한다—성공: 행동을 취했을 때 주인공이 얻을 수 있는 이득이 스토리에 드러나야 한다. 그러지 않으면 스토리는 지루해진다. 주인공이 승리하면 그의 인생은 어떻게 달라질까? 그는 그녀와 결혼을 할까? 그리고 그녀는 마을을 구할까? 스토리텔러는 모든 것이 순조롭게 진행될 경우 삶이 어떤 모습일지 그려야 한다.

보상을 정의한다—실패: 주인공이 승리하지 못할 경우 그의 삶이 어떤 모습일지 알려주는 것도 역시나 중요하다. 주인공은 영원히 외롭게 지내게 될까? 마을은 인명 피해를 입게 될까? 주인공에게 나쁜 일이 일어나지 않는다면 스토리는 따분하고 지루해진다. 얻거나 잃을 수 있는 것이 있어야 한다. 그렇지 않으면 아무도 관심을 갖지 않을 것이다.

프레젠테이션을 하거나(이 책의 뒷부분에서 프레젠테이션 역량에 대해 배울 것이다), 웹사이트의 골격을 만들거나, 아니면 엘리베이터 피치를 할 때마다 이 간단한 스토리 공식을 사용하여 상대방의 관심을 끌어당겨라.

제빵사가 웨딩 케이크를 판매할 때 사용할 만한 스토리 공식은 다음과 같다.

무언가를 원하는 캐릭터: 모든 신부는 아름다운 웨딩 케이크를 원합니다.

주인공이 문제에 봉착한다: 문제는 대부분의 웨딩 케이크가 맛이 좋지 않아서 하객들에게 나쁜 인상을 준다는 것입니다.

주인공이 가이드를 만난다: 맛없는 웨딩 케이크에 질려버린 우리 '8번가 베이커리'는 모양이 아름다운 웨딩 케이크가 환상적인 맛을 낼 수 있도록 베이킹 프로세스를 새로 개발했습니다.

가이드가 주인공에게 계획을 알려준다: 우리 '8번가 베이커리'의 상품을 이용하려면, 날짜를 예약하고 매장을 방문해 케이크를 시식하고 케이크 배달 일정을 잡으면 됩니다.

가이드가 주인공에게 행동하라고 요구한다: 당일 방문도 가능하니 어서 방문하세요!

보상을 정의한다 — 성공: 우리 케이크를 이용한다면 하객들은 웨딩 케이크의 아름다움에 놀라 성공적인 결혼식이었다는 인식을 가질 것입니다.

보상을 정의한다 — 실패: 맛없는 케이크로 사람들을 실망시키지 마세요! 바로 오늘 예약하실 수 있습니다.

이것이 바로 '세일즈 피치'다. 여기에 쓰인 말들은 프레젠테이션, 마케팅 웹사이트, 이메일, 동영상에 사용될 수 있다.

스토리가 어떻게 작동하는지 알면 사람들이 경청하도록 메시지를 명확화할 수 있다.

Point !

고객의 관심을 끌어당기려면 스토리 요소로

마케팅 메시지를 만들라.

고객을 주인공으로 포지셔닝하라

스토리 속에서 주인공은 가장 강한 캐릭터가 아니다. 사실 주인공은 행동하기를 꺼리고 자기의심으로 가득차 있으며 상황이 잘 풀리지 않을까 걱정하고 남들의 도움을 간절히 바란다. 스토리에서 주인공은 처음엔 약했다가 점차 강해지는 캐릭터다.

하지만 대부분의 스토리에는 가이드라는 강한 캐릭터가 이미 존재한다. 가이드는 주인공의 승리를 돕기 위해 존재한다. 이런 이유로 메시지를 명확히 하려면 당신 자신을 주인공이 아니라 가이드로 포지셔닝해야 한다.

자기 인생의 주인공이 된다는 것은 멋진 일이다. 사실 모든 사람은 무언가를 성취하기 위해 노력하는 '미션을 지닌 히어로'다. 하지만 비즈니스에서는 주인공의 자리를 내려놓고 가이드 역할을 맡아야 한다. 가이드의 존재 이유는 주인공의 승리를 돕기 위함이며, 이것이 비즈니스가 존재하는 이유다. 가이드는 고객의 문제를 해결하고 고객이 승리하도록 도우며 고객을 더 나은 상태(또는 더 많이 갖춘 상태)로 전환하기 위해 존재한다.

보통 사람들은 매일 여러 역할을 맡는다. 아침에는 자신의 인생

계획을 검토하고 하루를 계획하며 주인공이 된다. 아이들이 등교를 준비하는 동안에는 가이드로 역할하며, 아이들이 최고의 존재가 되도록 돕는다.

그 후 사무실에서 일상 업무를 처리하며 사람들은 다시 주인공 역할을 맡는다. 하지만 고객과 통화하는 순간에는 가이드로 입장을 바꾼다. 자기 인생에서 많은 것을 성취하려면 주인공이 돼라. 하지만 고객과 함께 있을 때는 주인공이 아니라 항상 가이드여야 한다. 왜 그래야 할까? 고객은 또다른 주인공이 아니라, 자신의 승리를 도울 가이드를 찾기 때문이다.

영화에서 사람들이 가장 좋아하는 캐릭터들 중 상당수가 가이드다. 〈스타워즈〉에서 요다와 오비완은 주인공 루크와 그의 친구들이 사악한 제국에 맞서 싸우도록 돕는다. 〈헝거 게임〉에서 헤이미치는 캣니스가 살아남아 승리하도록 돕는다.

가이드는 주인공이 현재 극복해야 하는 것과 똑같은 난관을 이미 극복했기에 스토리에서 가장 강력한 캐릭터다. 경험했으므로 대비가 철저하며 승리하는 법을 안다.

인생에서 도움이 필요한 사람들은 다른 주인공을 찾아 헤매지 않는다. 가이드를 찾으려 한다. 그렇기 때문에 브랜드, 제품, 리더가 스스로를 가이드가 아닌 주인공으로 포지셔닝한다면, 고객은 다른 곳에서 다른 브랜드, 제품, 리더를 찾으려 할 것이다.

'주인공 포지셔닝'과 '가이드 포지셔닝'의 차이는 무엇일까? 주인공은 자신의 스토리를 말하는 반면, 가이드는 주인공의 스토리를 이해하고 그의 승리를 돕기 위해 희생한다.

가이드는 강하고 자신감 넘치며 악당을 물리치는 방법을 알고 있다. 가이드는 여정 내내 주인공에게 조언한다. 당신의 브랜드와 프로젝트 혹은 당신 자신을 가이드로 포지셔닝하면 사람들은 당신이 리드하는 대로 따를 것이다.

가이드로 자신을 어떻게 포지셔닝할까? 유능한 가이드가 지닌 두 가지 특징은 다음과 같다.

1. **공감:** 가이드는 주인공의 도전을 이해하고 주인공의 고통을 인식하며 걱정한다.

2. **권위:** 가이드는 주인공이 문제를 해결할 수 있도록 도울 만큼 유능하다. 가이드는 자신이 해야 할 일을 잘 안다.

전문가로서 의사소통하는 핵심 전략은 "나는 당신이 무엇에 어려움을 겪는지 잘 알고 그것을 극복하도록 도울 수 있다"라고 말하는 것이다.

마케팅 자료를 만들기 위해 메시지를 명확히 하거나 연설이나 엘리베이터 피치를 할 때, 아니면 회의 중일 때도 상대방의 문제에 공감하고 해결을 도울 수 있는 유능한 가이드의 역할을 맡아라.

Point /

메시지를 명확히 할 때, 당신 자신, 제품, 브랜드를 주인공이 아니라 가이드로 포지셔닝하라.

고객의 문제에 대해 이야기하라

주인공이 문제에 봉착해야 스토리는 비로소 진행된다. 주인공의 이름과 사는 곳, 누구와 어울리는지, 무엇을 원하는지 등을 알게 되더라도 관객은 주인공이 도전해야 할 문제가 나타나기 전까지는 스토리가 언제 시작되는지 궁금해할 것이다.

그렇다면 스토리에 관한 이 진실을 비즈니스의 관점에서 어떻게 해석해야 할까?

누군가가 겪는 문제의 해결책으로 당신의 제품이나 브랜드를 이야기해야 사람들은 관심을 가질 것이다.

문제가 무엇인지 후크hook를 던져야 사람들이 걸려든다.

생각해보라. 우리는 〈본〉 시리즈를 보며, 제이슨 본이 자기가 누구인지 모른다는 사실을 우리가 알고 나서야 영화에 흥미를 느낀다. 이야기는 주인공이 '갈등'을 극복하는 내용을 그린다. 왜 그럴까? 관객이 바로 갈등에 주목하기 때문이다.

이것이 마케팅 메시지에 시사하는 바는 무엇일까? 바로 고객의 문제에 대해 계속 이야기해야 하며, 그러지 않으면 고객이 당신의 제품에 흥미를 느끼지 못한다는 것이다.

제품에 관해 이야기할 포인트를 만들려면, 당신의 제품이 해결할 문제가 무엇인지 정확하게 정의해야 한다. 고객의 어떤 고충을 해결하는가? 어떤 장애물을 제거해주는가? 어떤 악당을 물리쳐주는가? 이런 질문을 스스로에게 던져라. 그러면 당신 제품에 어떤 구매 가치가 있는지 알게 될 것이다.

해결할 문제에 대해 이야기하면 할수록 제품이나 서비스에 더 많은 가치를 부여할 수 있다.

안타깝게도 대부분의 전문가는 메시지를 명확히 한다면서 자신들의 이야기를 한다. 자기 할아버지가 회사를 어떻게 창업했는지, 얼마나 오래 비즈니스를 해왔는지 말한다. 그런 이야기는 아무런 소용이 없다. 전문가는 자기 자신이나 자기네 제품이 해결할 수 있는 문제를 가장 먼저 이야기해야 한다.

Point /

마케팅 메시지를 명확히 하려면 당신이 해결할 문제를 정의하라.

행동 촉구Call to Action를 분명히 하라

명확한 메시지는 행동을 촉발한다.

명확한 메시지는 세상을 바꾸지 않는다. 명확한 메시지를 들은 후에 사람들이 취하는 행동이 세상을 변화시킨다.

우리가 아는 세상은 배를 두드리며 퍼질러 앉아 있는 사람들에 의해 만들어지지 않았다. 행동하겠다고 결심했던 사람들이 이 세상을 만들었다.

제2차 세계대전 중 최전방의 영국 장병들은 윈스턴 처칠 수상의 주간 연설을 듣고 용기를 얻어 전투에 임했다. 전우가 쓰러지고 희망이 사라지는 것을 목격하면서도 그들이 전투를 이어가도록 북돋운 것은 행동을 촉구하는 윈스턴 처칠의 메시지였다.

스토리가 좋아지려면 가이드가 주인공에게 행동을 취하도록 자신 있게 요구해야 한다. 그러지 않으면 주인공은 자신감을 잃고 실패할 것이다.

왜 그럴까? 가이드가 주인공에게 행동하라고 자신 있게 요구하지 않으면 청자는 가이드의 능력을 의심하기 시작한다. "이 사람이 과연 곤경에 빠진 주인공을 구할 수 있을까?"

오비완 케노비는 루크에게 하나의 선택지로 포스를 사용해보는 것이 어떻겠냐며 정중하게 제안하지는 않았다. 그는 루크에게 "포스를 사용하라"라고 분명하게 지시했다.

당신이 과연 스스로의 아이디어나 제품을 믿는지, 고객은 어떻게든 알아차리게 된다. 당신에겐 해결책이 있을 수도, 없을 수도 있다. 또한 자신감이 있을 수도, 없을 수도 있다. 당신은 그들의 여정을 도울 수도, 돕지 못할 수도 있다. 만약 돕지 못한다면, 당신은 자선을 바랄 때와 같은 목소리로 그들에게 당신의 제품을 구매해달라고 부탁하는 수밖에 없다. 하지만 당신이 그들을 도울 수 있다면, 그들이 문제와 더 이상 씨름하기를 원치 않는 당신은 당신의 제품이나 서비스를 사용하라고 그들에게 말할 것이다.

많은 전문가가 자신감의 힘을 잘 알지 못한다. 사람들이 겪는 문제의 실질적 해결책을 가지고 있고, 그들을 해결책으로 이끌 자신이 있다면, 당신은 그 자신감을 항상 견지해야 한다.

문제를 해결하기 위해 무엇을 해야 하는지 사람들에게 자신 있게 말하면 그들은 그 말을 따를 것이다. 하지만 무엇을 할 수 있는지 소심하게 제안한다면 대부분은 제안을 따르지 않을 것이다.

몇 년 전에 비즈니스 리더 약 200명을 대상으로 스토리브랜드 StoryBrand 메시지 워크숍을 진행한 적이 있다. 나는 교과서나 파워포인트 슬라이드를 사용하지 않고 요점만을 명확히 전달하는 방식을 좋아한다. 나는 교육생들에게 이 강의의 핵심 요점을 알려주겠으니 건물 밖으로 나가자고 말했다.

나는 자리에서 일어나 문밖으로 나를 따라오라고 지시했다.

200여 명의 비즈니스 리더들은 전부 무슨 영문인지 혼란스러운 표정으로 건물 로비 밖으로 나와 길가의 연석 위에 섰다. 나는 상자 위에 올라가 확성기를 쥐고서 중요한 요점이 무엇인지 이야기했다.

"항상 이것을 기억하세요. 사람들은 여러분이 가라고 하는 곳으로 갈 겁니다."

교육생들은 웃음을 떠뜨리며 하나둘 강의실로 돌아갔다.

교육생들이 깨닫기를 원했던 진짜 요점은 바로 이것이었다. '사람들에게 무엇을 하라고 말하지 않으면 그들은 아무것도 하지 않는다.' 분명한 행동 촉구 없이 연설을 끝내면 사람들은 행동하지 않을 것이다. 웹사이트에 접속한 사람들을 한 단계 한 단계 지도하지 않으면, 그들은 한 발짝도 앞으로 나아가지 않을 것이다.

강력한 행동 촉구가 메시지의 요점이어야 한다. 그렇지 않으면 당신은 절대 세상을 변화시킬 수 없다.

Point !

메시지를 명확히 하려면 행동 촉구를 강력하게 하라.

보상을 정의하고 긴박함을 조성하라

어렸을 때 어머니는 금요일 밤이면 나와 여동생을 데리고 달러 극장 dollar theater(1달러 정도의 할인가로 영화를 상영하는 극장-옮긴이)에 가 곤 했다. 어머니는 입장료로 1인당 1달러를 지불했고, 팝콘과 콜라를 사는 데 1달러를 쓰셨다. 우리에게는 극장에 가는 것이 아주 큰 이벤 트였다.

맹세하건대, 그 경험은 무엇과도 바꿀 수 없다. 정말 마법과도 같은 순간이었다.

바로 달러 극장에서 나는 스토리에 깊이 빠지게 되었다. 물론 우 리 가족은 개봉 후 몇 개월 뒤에 영화를 볼 수 있었지만 아무 상관 없 었다. 내가 본 영화들은 하나같이 놀라웠다. 엘리엇이 E.T.를 집으로 돌려 보낼까? 루크가 데스 스타를 파괴할까? 로키가 아폴로 크리드 를 쓰러뜨릴까?

어린 나는 극장 좌석에 앉아 무엇과도 바꿀 수 없는 경험을 얻었 다. 그 덕에 나는 스토리를 공부하며 책과 시나리오를 쓸 수 있었고 나중에는 비즈니스 리더들이 중요한 메시지를 만드는 일을 도울 수 있었다.

그렇다면 무엇 때문에 그 스토리들이 훌륭했을까? 12살 때 〈베스트 키드〉의 마지막 장면을 보며, 나는 자리에서 일어나 공중에 팝콘을 뿌릴 정도로 환호했다. 나를 그렇게 흥분시켰던 것, 바로 '보상'이 고객을 스토리에 빠져들도록 만든다. 과연 주인공 다니엘은 나쁜 놈들을 물리치고, 부상 입은 다리로 가라테 토너먼트에서 우승할 수 있을까? 다니엘은 결국 해냈다.

내가 〈베스트 키드〉에 빠져들었듯 사람들이 당신과 당신의 브랜드에 빠져들기를 바라는가? 리더로서 자신을 차별화하길 원하는가? 당신의 제품이 자유 시장에서 중요한 위치를 차지하길 바라는가? 당신의 브랜드가 경쟁이 치열한 시장에서 독보적이길 원하는가? 만약 그렇다면, 고객이 다른 사람이 아닌 당신을 선택하여 얻을 수 있는 보상이 무엇인지 정의하라.

Point /

마케팅 메시지를 명확히 하려면, 사람들이 당신의
스토리에 관심을 두지 않을 경우 무엇을 얻는지,
또 무엇을 잃는지 정의하라.

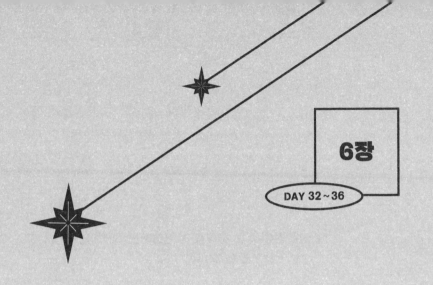

잠재고객을 구매자로
바꾸는 세일즈 퍼널

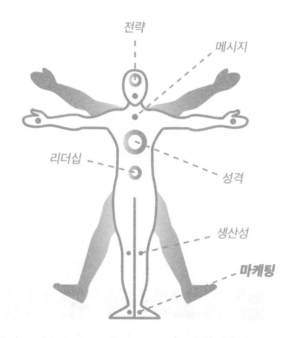

"당신을 선택하고 구매까지 결정하는 고객이
누구인지 알아야 한다."

전략

메시지

리더십

성격

생산성

마케팅

마케팅

모든 전문가가 마케팅 부서에서 일하지는 않더라도 자신의 아이디어, 제품, 계획을 알리려면 마케팅을 충분히 알아야 한다. 마케팅은 단순히 고객뿐만 아니라 동료, 이해관계인, 언론이나 미디어에 메시지를 전달하는 것이다.

세일즈 퍼널은 시행할 수 있는 가장 간단하고 저렴하면서도 효과적인 마케팅 전략 중 하나다.

세일즈 퍼널은 고객의 관심을 불러일으키거나 내부에서 소통하는 데 사용될 수 있다. B2C 또는 B2B 커뮤니케이션, 영리나 비영리 활동 모두에 문제없이 쓰일 수 있다. 세일즈 퍼널은 언제든 효과를 발휘한다.

신종 코로나 바이러스가 세계 경제를 멈추고 대부분의 소매 비즈니스가 몇 개월 동안 문을 닫아야 했던 2020년 3월에, 나는 세일즈 퍼널을 보유한 비즈니스가 생존할 가능성이 훨씬 더 높음을 깨닫게 되었다. 왜 그럴까? 세일즈 퍼널이 다음의 두 가지를 가능케 하기 때문이다.

1. 고객의 신뢰를 얻고 친밀도를 높인다.
2. 고객에게 접근하여 메시지를 빠르게 전환한다.

세일즈 퍼널을 가진 비즈니스들이 생존할 수 있었던 이유는 그들이 이메일 주소와 연락처 정보를 수집해뒀기 때문이다. 그렇기에 그들은 위기에 발빠르게 대응하여 자신들의 메시지와 제품(서비스)을 재빨리 전환할 수 있었다. 세일즈 퍼널이 없는 비즈니스들은 고객에게 접근할 수 없었기에 잊히고 말았다.

비즈니스를 성장시키고 싶다면, 마케팅 계획의 시작은 세일즈 퍼널이어야 한다.

앞으로 5일 동안 세일즈 퍼널의 다섯 가지 영역을 보여줄 것이다.

대부분의 마케팅 교육은 개념적인 반면, 이 방법론은 실용적인 관점으로 만들어졌다. 결과를 보장하는 기본 마케팅 도구를 구축하거나 관리할 수 있을 것이다.

전문 마케터가 될 생각이 있든 없든, 세일즈 퍼널이 무엇이고 그것이 어떻게 작동하는지 이해하면 자유 시장에서 당신의 가치는 극적으로 향상될 것이다. 당신은 자신이 무슨 일을 하는지 그리고 왜 그것이 중요한지를 사람들에게 설명하는 법을 알아야 한다.

이 장에서 세일즈 퍼널에 대해 배우고 나면, 당신은 다른 95퍼센트의 비즈니스 리더들보다 마케팅을 더 많이 알게 될 것이다. 그리하여 모든 조직에 탁월한 가치를 제공할 수 있는 엘리트 전문가 그룹의 일원이 될 것이다.

세일즈 퍼널을 이해하라

모든 판매는 관계에서 나온다. 사람들은 제품과 서비스의 광고 메시지를 하루 종일 접하지만, 대부분의 정보를 흘려 넘긴다. 자신들이 신뢰하는 사람이나 브랜드가 제안하는 제품과 서비스가 아니라면 말이다.

효과적인 마케팅 계획을 수립하는 법을 알려면 관계가 작동하는 방식을 이해해야 한다.

모든 관계는 3단계를 거친다.

사람들이 누군가를 처음 만나면 그에게 호기심이 있거나 그렇지 않거나 둘 중 하나다. 브랜드와 제품도 마찬가지다. 사람들은 더 많이 알고 싶어 하거나 그렇지 않거나 둘 중 하나다. 때로는 브랜드를 여러 번 접하고 나서야 관심을 가지기 시작한다.

그렇다면 더 많이 알고자 하는 욕구는 무엇이 만들어내는가?

호기심

사람들이 당신이나 당신의 브랜드에 호기심을 갖느냐 마냐는 그들이 스스로의 생존을 당신과 연관 지을 수 있는지에 달렸다.

원시적으로 들릴지 모르지만, 이는 진실이다. 인간은 생존하도록 설계되었고 머릿속의 필터로 끊임없이 데이터를 분석한다.

"이 제품이 나의 생존과 행복에 도움이 될 수 있는가? 이 사람과의 관계가 나의 안전에 도움이 되는가? 내가 이 세상에서 더욱 쉽게 성공하도록 내게 더 많은 자원을 제공하는가?"

파티에 참석한 누군가가 당신의 호기심을 자극한다고(즉 생존 레이더를 작동시킨다고) 가정해보자. 당신이 젊고 미혼이며 그 사람이 매력적이라면, 동반자를 찾았을 수도 있다는 생각으로 생존 필터가 작동한다. 만일 그 사람이 당신이 가고자 하는 콘퍼런스에 먼저 다녀온 자라면 콘퍼런스에 참석하는 데 당신의 자원을 투여할 가치가 있는지 정보를 얻으려고 생존 필터가 작동한다. 무엇이 당신의 호기심을 자극하든 그것은 생존에 관한 것이다.

누군가의 호기심을 자극하려면 당신의 제품이나 서비스를 그 사람의 생존과 연관 지어야 한다.

생존은 저축하고, 돈을 벌며, 새로운 사람을 만나고, 건강한 요리법을 배우며, 필요한 휴식을 취하고, 지위를 얻는 것 등 무엇이든 될 수 있다. 거의 모든 제품이나 서비스가 생존과 연관된다고 봐도 무방하다.

당신 자신이나 당신의 제품, 서비스를 생존과 연관 지어서 누군가의 호기심을 자극하면 관계의 다음 단계인 '깨달음'으로 나아갈 수 있다.

깨달음

고객의 호기심을 자극한 다음에는 당신이 고객의 생존을 정말로 도울 수 있다는 것을 그들이 깨닫도록 해야 한다.

당신의 제품이 어떻게 생존에 도움이 되는지를 고객이 깨닫도록 만들려면 그저 그 방법을 고객에게 알려주면 된다. 이 제품이 내가 생존하는 데 어떻게 도움이 되는가? 이 제품을 사용하면 내 삶은 지금보다 얼마나 더 좋아질까? 다른 사람들은 이 제품에 대해 뭐라고 말하는가?

고객이 당신 제품에 호기심과 관심을 갖고 나면 커뮤니케이션의 속도를 조금 늦추고 제품의 작동 방식을 고객에게 알려주는 것이다.

고객의 문제가 해결될 수 있으며 생존 가능성이 높아질 것이라고 확신하고 난 후에야 관계의 다음 단계인 '헌신'으로 원활하게 넘어갈 수 있다.

헌신

어떤 사람이 자신의 생존에 도움이 될 거라고 믿는 누군가 혹은 어떤 제품을 얻는 데 기꺼이 위험을 감수할 때가 바로 헌신 단계다.

제품이나 서비스에서 헌신이란 고객이 생존에 도움이 될 거라고 믿는 상품을 구매하고 그 대가로 돈을 지불한다는 뜻이다.

헌신은 고객이 주문을 할 때 이루어진다.

애석하게도 대부분의 마케팅 활동들은 이런 자연스러운 관계의 진전을 따르지 않아서 실패하고 만다.

관계를 형성하려면 시간이 걸린다. 호기심을 자극하거나 제품에 관해 알려주기 전에 헌신을 요구하면 고객은 떠나고 만다. 당신은 서서히 고객의 호기심을 자극하고 그들이 당신의 제품을 깨닫게 한 후에 그들에게 헌신을 요구해야 한다.

앞으로 4일 동안 세일즈 퍼널의 각 요소들을 소개할 텐데, 이 세일즈 퍼널은 고객과의 관계를 서서히 구축하여 자연스럽게 고객이 당신을 더 많이 신뢰하고 더 많은 제품을 주문하도록 만들 것이다.

세일즈 퍼널의 내용과 작동 방식을 알아두면, 제품이나 아이디어를 홍보하는 마케팅 계획이 어떤 모습이어야 하는지를 알 수 있기 때문에, 어떤 조직에 있든 당신의 가치는 높아진다.

Point !

세일즈 퍼널을 만드는 방법을 배움으로써 고객과 강력한 관계를 구축하라.

판매를 창출하는
'원-라이너One-Liner'를 쓰라

고객과 관계를 구축하는 첫 번째 단계는 고객의 호기심을 자극하는 것이다. 하지만 간단한 한 문장으로 그렇게 할 수 있는가?

대부분의 사람들은 무슨 일을 하느냐란 질문을 받을 때 자신이 근무하는 회사 이름이나 직위를 언급한다. 이런 정보는 누구의 호기심도 자극하지 못한다. 당신이 이 질문에 다르게 답변한다면 어떻게 될까? 질문에 답하는 방식을 달리하자 사람들이 당신의 명함을 받으려 하거나 당신과 일정을 맞추려고 한다면?

이 장의 서두에서 언급했듯이, 누군가의 호기심을 자극하는 핵심은 제품이나 서비스를 고객의 생존과 연관시키는 것이다. 이를 위한 확실한 공식이 있다.

고객의 호기심을 자극하는 한 문장을 쓰려면 '원-라이너'를 만들라.

이 아이디어는 영화 산업에서 나왔다. 시나리오 작가는 대본을 쓸 때마다, 스토리를 요약할 수 있어야 한다. 그래야 제작자가 투자를 하게 되고 영화로 만들어져 극장에 걸릴 수 있다.

사람들이 영화에 돈을 쓰도록 만드는 데 중요한 역할을 하는 '한 문장짜리 스토리 요약'은 영화 제작사에 수억 달러의 이익을 선사하거나 반대로 그만큼의 엄청난 비용을 떠안긴다.

한 문장이 사람들을 제품으로 끌어당길 수 있을까? 그 문장을 본 사람들이 제품에 관해 더 많은 것을 알고 싶어하고 구입하려 할 수 있을까?

'원－라이너'가 바로 그런 문장을 가리킨다.

원－라이너는 다음 세 가지 요소로 구성된다.

1. 문제
2. 해결책으로서 당신의 제품
3. 결과

원－라이너의 구조를 들여다 보면, 이 한 문장 역시 짧지만 엄연한 스토리임을 알 수 있다. 문제를 지닌 캐릭터가 해결 방법을 찾는다는 이야기다.

'결과'는 당신이 제공하는 서비스나 제품에 관해 사람들이 듣고 싶어 하는 설명을 의미한다.

예를 들어 파티에 참석한 당신이 누군가에게 어떤 일을 하느냐고 질문했더니 상대방이 "가정 방문 요리사"라고 답했다면, 당신은 그가 어떻게 일을 시작했는지, 가장 좋아하는 레스토랑은 어디인지, 혹은 유명인을 위해 요리한 적이 있는지 등을 물어보고 싶을 것이다.

그 후 당신은 요리 실력이 동일하며 서비스 가격이 같은 또 다른 가정 방문 요리사를 만났는데, "어떤 일을 하십니까?"란 질문에 상대가 이렇게 답했다고 하자.

"대부분의 가족이 함께 식사하지 않을 뿐더러 건강하게 먹지 못한다는 사실을 아시나요? 저는 가정 방문 요리사입니다. 가정을 방문해 요리함으로써 가족이 함께 잘 먹고 더 많은 시간을 보내도록 돕습니다."

이렇게 말하는 가정 방문 요리사라면 단지 장사를 더 잘하는 수준을 넘어 업계 전체를 평정할 것이다. 원−라이너를 들은 고객은 이제 다음 사항을 궁금해할 것이다.

나에게 도움이 될까?

비용은 얼마나 들까?

일주일에 한 번 혹은 매일 밤 요리가 가능할까?

고객들이 제품과 서비스의 구체적인 것들을 궁금해하는 이유는 지금보다 더욱 잘 살 수 있다는 스토리가 고객들의 호기심을 자극했기 때문이다.

첫 번째 요리사는 자신의 직업을 말했고, 두 번째 요리사는 원−라이너를 말했다.

사람들이 당신에게 어떤 일을 하냐고 물어볼 때를 대비해 그들의 호기심을 자극할 수 있는 간단한 문장을 만들어 두었는가?

원−라이너를 만든 다음에는 그것을 명함의 뒷면에 인쇄하라. 또 이메일 서명으로 원−라이너를 사용하라. 웹사이트에도 원−라이너가 들어가도록 하라. 원−라이너를 항상 암기해두면 사람들이 당신에게 어떤 일을 하냐고 물을 때마다 당신의 비즈니스를 성장시킬 명확한 대답을 할 수 있을 것이다.

원-라이너는 사람들이 당신과 비즈니스를 함께하고 싶도록 만드는 마법과도 같은 문장이다.

효과적인 웹사이트의 뼈대를 구축하라

당신이 만들어야 할 세일즈 퍼널의 다음 요소는 바로 웹사이트다. 웹사이트에 여러 가지를 넣을 수 있지만, 최대한 효과적으로 구축하길 원한다면 따라야 하는 한 가지 규칙이 있다. 바로 웹사이트가 그런트 테스트grunt test를 통과해야 한다는 것이다.

대부분의 사람들은 웹사이트를 읽지 않고 훑는다. 사람들이 웹사이트를 대충 훑어보다가 제대로 읽도록 만들려면(즉, 호기심에서 깨달음으로 이동하려면) 세 가지 질문의 답을 명확하게 전달하여 사람들의 호기심을 더욱 자극해야 한다.

이 질문 3개는 너무나 원시적이어서 원시인도 웹사이트의 굵고 큰 헤드라인에서 답을 끌어낼 수 있을 정도다.

원시인에게 웹사이트가 열려 있는 노트북을 주고서 5초 동안 랜딩 페이지를 살펴보도록 하는 상황을 상상해보라.

단 5초만에 원시인은 세 가지 질문의 답을 분명하게 말할 수 있는가? 이것이 바로 그런트 테스트다.

1. 무엇을 제공하는가?

2. 어떻게 나의 삶을 더 나아지게 하는가?

3. 구입하려면 뭘 해야 하나?

웹사이트를 보고 5초 안에 이 3개의 질문에 답하지 못하는 사람이 있다면, 당신은 돈을 벌지 못할 것이다.

당신은 마당에 수영장을 설치해주는가? 설치를 하려면 '견적받기' 버튼을 클릭해야 하는가? 원시인이 웹사이트를 훑어보고 5초 안에 당신이 무엇을 제공하는지, 그것이 삶을 어떻게 더 나아지게 하는지, 구입하려면 무엇을 해야 하는지 중얼중얼grunt거릴 수 있다면, 축하한다. 명확하게 소통하고 있다는 뜻이니까.

대부분의 기업은 웹사이트에 너무나 많은 정보를 알리려고 한다. 그러나 그들이 알아야 할 것은 당신이 무엇을 제공하는지, 그게 삶을 어떻게 개선하는지, 구입하려면 무엇을 해야 하는지다.

웹사이트의 최상단부는 나머지 부분에 표시할 메시지의 틀을 구성하므로 제일 중요하다. 우리는 이 부분을 '헤더header'라고 부른다. 웹사이트의 헤더가 그런트 테스트를 통과한다면 머지않아 매출이 증가할 것이다.

Point /

그런트 테스트를 통과할 웹사이트의 뼈대를 잡으라.

이메일 주소를 수집하라

원-라이너와 웹사이트로 고객의 호기심을 자극하면 리드 제너레이터lead generator(고객이 자발적으로 이메일 주소를 내주도록 만드는 장치나 콘텐츠-옮긴이)로 고객에게 깨달음을 줄 수 있다. 그런 다음 헌신을 요구할 수 있을 때까지 고객에게 깨달음이 담긴 이메일을 보내라.

대부분의 사람들은 웹사이트는 아주 능숙하게 구축하지만, 거기에서 마케팅 캠페인을 멈추곤 한다.

당신이 이메일 주소를 수집하지 않는다면, 나는 그 이유를 잘 알고 있다. 당신은 구매를 요구하며 누군가를 괴롭히고 싶지 않기 때문이다. 아니면 이메일 주소를 받은 다음 그 주소로 무엇을 해야 할지 모르기 때문이다. 또는 어떤 기술을 사용해야 하는지 전혀 모르기 때문일 것이다.

모두 타당한 이유이긴 하지만 이메일 마케팅은 매우 저렴하고 수익성이 높기 때문에 무시해서는 안 된다.

이메일 주소를 수집하지 않았다면, 반드시 수집하라. 하지만 조급해 보이지 않게 이메일을 수집하려면 어떻게 해야 할까?

핵심은 잠재고객에게 연락처 정보를 넘겨받는 대가로 무료 가치를 제공하는 것이다.

요즘 사람들은 심리적으로 자기 이메일 주소의 가치를 10~20달러 정도로 생각한다. 이 말은 10달러 또는 20달러를 지불할 수 있는 가치에 자신의 이메일을 주소를 기꺼이 내준다는 의미다. 또한 누군가가 이메일 주소를 내주도록 하려면 그가 정말로 원하거나 필요로 하는 것을 제공해야 한다는 뜻이기도 하다.

다행히도 당신은 사람들이 가치 있다고 여기는 정보를 제공하는, 특정 영역의 전문가일 것이다. 만약 당신이 치과의사라면, 아이들이 양치질을 좋아하도록 만드는 대여섯 가지 방법을 알 것이다. 부모는 그것을 알고 싶어 한다. 당신이 동물 훈련소를 운영한다면, 문을 열고 들어오는 사람에게 강아지가 달려들지 않게 만드는 방법을 분명 알 것이다. 반려견을 키우는 사람은 그 정보를 가치롭게 여길 것이다.

이메일 주소에 대한 대가로 PDF나 동영상 형식의 무료 가치를 제공하면 사람들은 당신의 이메일에 그리 화를 내지 않을 것이다. 설령 이메일이 짜증을 유발한다 해도 언제든 이메일 구독을 취소할 수 있게 해주면 된다.

하지만 여기서 핵심은 '엄청난 가치를 제공하는 것'이다. 그 가치는 구체적이어야 하고 잠재고객이 직면한 문제를 해결할 수 있어야 한다.

과거에 뉴스레터를 발송하여 이메일 주소를 수집하려고 했지만 아무도 뉴스레터 구독을 원치 않았는가? 왜 그랬을까? 그것은 당신의 뉴스레터가 어떤 문제를 해결해주는지 그들이 몰랐기 때문이다.

'사람에게 덤벼드는 개를 멈추게 만드는 방법'이라는 제목의 PDF 파일은 명확한 가치를 제공한다.

사람들에게 무엇을 제공하든지 간에 그 가치가 명확한지 확인하라. 다음은 이메일 주소를 제공받는 대가로 무언가를 만들 때 따라야 할 규칙이다.

1. 짧게 만들라. 책 한 권을 쓰거나 장편 다큐멘터리로 만들 필요는 없다.

2. 표지를 만들라. 내용이 가치 있어 보이도록 겉모습에 신경을 쓰라.

3. 특정 문제를 해결하라. 사람들은 삶의 좌절과 고통을 줄이는 대가로 이메일 주소를 제공할 것이다.

고객이 깨달음을 얻어 궁극적으로 헌신하게 될 가능성을 높이려면 문제를 해결하는 데 도움이 되는 리드 제너레이터로 꾸준히 관계를 구축하고 신뢰를 얻어라.

Point /

이메일 주소를 수집하는 '리드 제너레이터'를 만들라.

고객에게 이메일을 보내라

몇 년 전 아내와 처음 데이트를 했을 때, 아내는 내가 이제껏 받은 무엇보다 뛰어난 마케팅 조언을 해주었다. 그녀는 이렇게 말했다. "당신은 시간의 질을 중요시하지만, 나는 시간의 양을 중요시해요."

물론 그녀가 마케팅에 관해 조언할 목적으로 이런 말을 한 것은 아니었다. 그녀는 데이트에 관한 조언, 즉 어떻게 해야 자신의 마음을 얻을 수 있는지 내게 말했던 것이다. 그녀는 단시간에 많은 것을 하기보다 충분한 시간을 원했다.

원하는 것이 있으면 즉각 행동으로 옮기는 게 나의 특징임을 그녀는 잘 알고 있었다. 하지만 그녀가 원한 것은 나와 충분히 긴 시간을 함께하고 다양한 상황을 같이 경험하는 것이었다. 그래야 서로 무엇이 맞는지, 맞지 않는지 알게 될 테니 말이다. 똑똑한 여자!

그 후 나는 그녀의 집 옆으로 이사했고, 그녀의 거실에서 함께 차를 마시며 몇 개월을 보냈다. 새끼손가락을 올려 찻잔을 잡는 것도 물론 잊지 않았다. 이런 희생(?) 끝에 나는 그녀를 얻었다.

몇 년 후, 나는 데이터를 분석하여 고객이 우리 웹사이트를 처음 방문할 때는 제품을 구매하지 않으며, 심지어 리드 제너레이터를 다운로드해서 읽은 후에도 구매하지 않는다는 사실을 발견했다.

고객은 몇 개월 동안 가치 있는 콘텐츠가 담긴 이메일을 받고 나서야 구매를 했다. 그때 나는 소중한 깨달음을 얻었다. 고객은 시간의 양을 중요시했던 것이다. 그들은 우리의 이야기를 여러 번 듣고 나서야 우리를 신뢰하기 시작했다. 그들은 내 아내와 같은 것을 원했던 것이다.

이메일 캠페인을 시작하면 고객과 '충분한 양의' 시간을 함께 보낼 수 있다. 몇 주, 몇 개월, 심지어 몇 년에 걸쳐 고객이 당신의 이야기를 듣고 공짜 가치를 받는 데 익숙해지면 서서히 당신을 신뢰하기 시작한다. 물론 그 신뢰는 헌신으로 이어진다.

리드 제너레이터를 다운로드하거나 본 후에 고객은 이메일 주소를 내준 대가로 계속해서 놀라운 가치를 받기를 원한다. 계속 그들의 문제를 해결하고 격려하라. 그들에게 영감을 주고 지속적으로 정보를 제공하라.

물론 당신은 그들에게 구매를 요구하고 싶을 것이다. 그들에게 문제를 해결하는 데 도움이 되는 제품을 알려주라. 이메일 말미에 당신이 어떤 제품과 서비스를 제공하는지 반복하여 표시하고 보너스가 될 만한 정보도 제공하라.

고객에게 헌신을 요구하기는 쉽지 않다. 그들은 잘못된 결정을 내리는 바람에 쉽게 돈을 써버린 바보라고 스스로를 탓할지도 모른다. 고객에게 먼저 신뢰를 얻지 않은 상태에서 고객이 구매하기를 기대해서는 안 된다.

리드 제너레이터를 제공한 후, 가치 있는 내용을 포함한 이메일을 가능한 한 많이 만들어서 고객과 꾸준히 연락을 이어가라. 레시피, 학습 가이드, DIY 팁, 아이디어에 대한 관점 등 고객이 관심을 가지리라 생각되는 모든 것을 제공하라.

가치 있는 이메일을 발송하여 고객과 연락을 계속 이어간다면, 그들은 당신을 신뢰할 것이다. 당신을 신뢰할 때, 그들은 헌신 단계로 넘어가 주문 버튼을 누를 것이다.

Point /

고객의 신뢰를 얻고 헌신을 요구하는
이메일 캠페인을 시작하라.

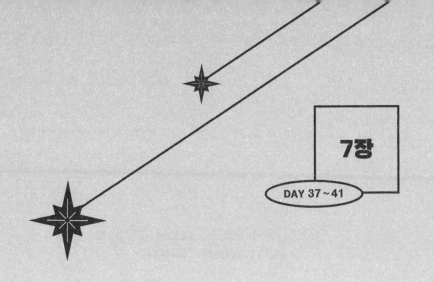

청중을 사로잡는
커뮤니케이션 전략

"듣는 사람이 무엇을 원하는지 파악할 때
커뮤니케이션은 시작된다."

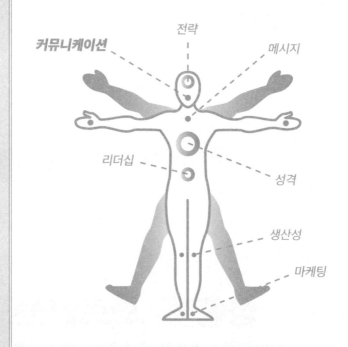

커뮤니케이션

이번 장에서는 훌륭한 커뮤니케이터가 되기 위해 성공적인 프레젠테이션을 하는 법에 대해 알아보자. 회의를 주관하든 프로젝트를 발족하든 기조연설을 하든 그 공간에 있는 사람들의 관심을 끌 수 있다면 누구나 더 많은 역할을 부여받고 더 많은 보수를 받을 것이다. 훌륭한 커뮤니케이터는 리더로 선택된다.

애석하게도 회사에서 진행되는 프레젠테이션 대부분은 앉아서 듣고 있기가 고통스러운 수준이다. 슬라이드마다 데이터가 잔뜩 나열된 자료는 중요한 프로젝트의 추진력을 떨어뜨리는 주범이다.

하지만 가끔은 운 좋게 정보와 영감을 주는 프레젠테이션을 접하곤 한다. 아마도 당신은 다른 프레젠테이션과의 차별점을 알아내지 못할 것이다. 그저 프레젠테이션한 사람을 훌륭한 커뮤니케이터라고 평가할 텐데, 사실 조직에서도 그를 그렇게만 인식한다.

그의 프레젠테이션은 무엇이 다를까? 그의 프레젠테이션 방식을 배워 다른 사람들에게 가르칠 수 있을까?

답은 '그렇다'이다. 훌륭한 프레젠테이션을 위해 그가 무엇을 하는지를 구체적으로 알게 되면 아마도 당신은 놀랄 것이다. 그가 프레젠테이션 시작부터 청중을 사로잡고 끝을 맺을 때까지 관심을 유지시키는 비결은 간단하기 때문이다. 훌륭한 커뮤니케이터는 무엇을 하는 걸까?

이 질문이 중요한 이유는, 더 많은 역할을 부여받으려면 사람들의 시선을 사로잡는 프레젠테이션을 할 수 있어야 하기 때문이다. 회의를 시작하면서 그저 짧게 브리핑할 때라 해도 커뮤니케이션 스킬에는 빈틈이 없어야 한다.

훌륭한 프레젠테이션을 하려면 모든 청중의 마음속에 담긴, 발표자가 답하기를 원하는 다섯 가지 질문을 염두에 두어야 한다. 이 다섯 가지 질문에 제대로 답하지 못하면, 청중은 발표자의 말을 귓등으로 들을 것이다. 이 질문들은 아리스토텔레스가 『시학』을 쓴 이후로 사람들이 좋은 스토리를 만들기 위해 던졌던 오래된 질문들과 동일하므로 아마 익숙할 것이다.

훌륭한 스토리의 요소를 프레젠테이션에 적용하면, 블록버스터 영화 작가들의 작품이 그러하듯 청중의 참여와 영감을 이끌어낼 것이다.

다섯 가지 질문은 다음과 같다.

1. 청중의 어떤 문제를 해결하는가?

2. 그 문제의 해결책은 무엇인가?

3. 당신의 해결책을 수용하면 청중의 삶은 어떤 모습이 될까?

4. 청중이 다음에 무엇을 하기를 바라는가?

5. 청중이 무엇을 기억하기를 원하는가?

많은 커뮤니케이션 코치가 프레젠테이션을 농담으로 시작하거나, 청중에게 친근하게 다가가거나, 말하기 전에 심호흡을 하라고 조언할 것이다. 이런 조언이 가치 있긴 하지만, 훌륭한 프레젠테이션에 꼭 필요하지는 않다. 당신이 재미있든 똑똑하든, 친근하든 위트 있든 간에 프레젠테이션에 반드시 필요한 것은 청중에게 이 다섯 가지 질문의 답을 전하는 것이다. 이를 잘 학습하면 당신 앞에 앉은 청중은 당신의 커뮤니케이션 능력에 깊은 인상을 받을 것이다.

문제를 언급하며 프레젠테이션을 시작하라

청중 앞에 서자마자 프레젠테이션을 어떻게 시작할지 잊어버리는 경우는 누구에게나 생길 수 있다. 숱하게 연습했더라도, 자신을 응시하는 청중의 눈이 그토록 불안감을 줄지 미처 짐작하지 못했을 수 있다. 그래서 아마추어 발표자나 저지를 법한 심각한 실수를 저지른다. 바로 아무도 궁금해하지 않는 이야기로 프레젠테이션을 시작하는 것이다.

강력한 한 문장으로 프레젠테이션을 개시하지 못하고, 날씨에 대한 이야기나, 아니면 대학 때 심리학 입문 수업을 같이 들었지만 졸업 후 연락이 끊긴 동창이 놀랍게도 이 자리에 있다는 말을 웅얼거리며 첫머리를 연다. "티모어 교수님을 기억하지? 정말 재밌는 분이었는데"라고.

하지만 청중은 발표자가 누구와 대학 동창인지 관심이 없을뿐더러 티모어 교수가 정말 재미있는 사람이었는지에도 흥미를 느끼지 않을 것이다. 그러니 발표자는 그런 청중의 반응에 당황하고 만다.

'우리의 문제를 해결하도록 발표자가 도우려 한다.' 청중은 이

점을 알고 나서야 프레젠테이션에 관심을 보일 것이다.

당신이 어떤 문제의 해결을 도울지 말하기 전까지 청중은 다음을 궁금해할 것이다.

1. 이 프레젠테이션의 주제는 무엇인가?
2. 왜 이 프레젠테이션을 들어야 하는가?
3. 발표자가 저 연단에 설 권한이 있긴 한가?

훌륭한 영화는 모두 문제에서 시작한다. 그것도 '이유가 있는 문제'로 시작한다. 문제야말로 스토리로 사람들을 잡아끄는 요소다. E.T.가 집에 돌아갈 수 있을까? 확실하지 않다. 그러니 영화를 보며 알아내보자!

문제를 설명하기 전까지 청중은 왜 관심을 가져야 하는지 궁금해한다. 그러므로 문제를 언급하며 프레젠테이션을 시작하라.

청중은 이렇게 생각한다. '당신이 매년 계속되는 4분기 매출 감소를 막을 방법을 알려줄 수 있나요?' 그렇다면 이렇게 말하며 프레젠테이션을 시작하라. "과거 5년 동안 우리는 4분기 매출 감소를 경험하면서 어느덧 그것이 불가피하다고 여기게 되었습니다. 하지만 저는 그렇게 믿지 않습니다. 4분기 매출을 실제로 올리기 위해 우리는 세 가지를 할 수 있다고 생각합니다."

이런 식의 오프닝 멘트는 그 자리에 있는 모든 이의 흥미를 사로잡을 뿐만 아니라 프레젠테이션을 하는 동안 내내 청중의 관심을 유지시킬 것이다.

대부분의 발표자는 문제를 언급하며 프레젠테이션을 시작하라는 나의 조언을 주의깊게 듣지 않는다. 그저 내 조언을 부분적으로만 수용할 뿐이다. 문제를 언급하긴 하지만 10분 정도 시간을 허비하며, 자신이 누구고 어디 출신인지 뻔한 자기소개를 먼저 늘어놓는다.

당신은 그러지 않기를 바란다.

자기소개가 아니라 문제로 프레젠테이션의 문을 열어라. 나는 내게 주어진 시간을 최대로 활용한다. 그렇기에 강연을 시작할 때는 절대 자기소개를 하지 않는다. 나는 이야기 중간이나 말미에야 나를 소개한다. 아니, 이보다 더 좋은 방법으로 사회자에게 나를 소개해달라고 부탁한다. 왜 그럴까? 내가 중요한 문제를 해결할 수 있음을 알기 전까지 청중은 아무도 나를 신경 쓰지 않기 때문이다.

문제를 이야기하며 프레젠테이션을 시작하면 청중의 관심을 사로잡을 수 있다. 문제로 시작하지 않으면 청중은 자리에 앉아서 왜 자신이 프레젠테이션을 들어야 하는지 의심한다.

Point /

청중의 문제를 해결하는 데 도움이 되는 이야기로
프레젠테이션을 시작하라.

프레젠테이션의 세부 요점을 명확히 하라

어떤 문제를 해결하는 데 도움을 줄지 언급하며 발표를 시작하고 나서, 다음의 두 가지를 수행하면 청중은 계속해서 경청할 것이다.

1. 당신이 청중의 문제 해결을 어떻게 도울지 간단한 계획을 제시하라.
2. 계획의 각 단계를 전체 스토리의 서브플롯으로 배치하라.

스토리는 플롯과 서브플롯이라는 장치를 사용하여 독자나 관객의 주목을 끈다. 그렇기에 청중의 관심을 끌고 싶다면 프레젠테이션에도 플롯과 서브플롯이 있어야 한다.

문제를 명확하게 정의하며 스토리를 시작하면 프레젠테이션의 플롯을 정의한 것이 된다. 플롯은 '스토리 전체를 지배하는 아이디어'를 말한다. 청중이 겪는 문제를 정의하고 나면 프레젠테이션의 모든 항목은 해결하고자 하는 문제의 주제와 맞아야 한다.

그렇다고 해서 다른 아이디어를 스토리에 담을 수 없다는 뜻은 아니다. 다른 주제가 플롯의 경계 안으로 들어갈 수 있는 방법을 찾아야 한다는 의미다.

몇 년 전, 나는 주지사의 시정연설문 초안을 작성해달라는 요청을 받았다. 나는 주지사가 해결하고자 하는 문제를 언급하도록 했다. 연설의 시작 부분에는 별로 흠이 없었다. 하지만 중간 부분이 걸렸다. 시정연설은 예산 지침을 포함하여 주 정부의 여러 측면을 다루며 굉장히 길게 늘어졌기 때문이다. 한마디로, 할리우드식 스토리가 아니었다.

주지사가 제시한 의제를 언론이 커버스토리로 다루도록 하려면 연설은 흥미로운 내용으로 가득차야 했다. 어떻게 해야 청중의 관심을 끌 수 있을까?

우리는 두 거대 정당 간에 불화가 너무 심각하다는 문제에 초점을 맞추기로 했다. 두 정당이 협력한다면 얼마나 좋을지와 협력하지 않을 경우 주민들이 얼마나 큰 고통을 겪을지를 썼다.

정치적 불화와 분열이라는 문제를 해결해야 하는 이유, 이것이 시정연설의 플롯으로 채택되었다.

그렇게 결정되고 나자 시정연설에서는 예산 지출과 초과분에 관한 사소한 부분까지 원하는 것이면 무엇이든 언급할 수 있게 되었다. 나는 걱정하지 않았다. 주민들을 돕기 위해 협력하면 좋은 일이 생길 것이고 그러지 않으면 주민들이 고통을 겪을 것이라는 메인 플롯이 있으면 어떤 주제라도 다룰 수 있기 때문이다.

프레젠테이션의 플롯, 즉 문제를 정의한 후에 우리는 계획을 수립했는데, 그 계획에는 하위 요점이 대략 3개(4개 이하)가 담겨야 했다.

하위 요점이 4개가 넘게 되면 프레젠테이션은 지루함을 유발할 것이다. 나는 하위 요점을 3개 이하로 할 것을 권장한다.

그렇다면 하위 요점이란 무엇일까?

기본적으로 하위 요점은 스토리의 서브플롯과 비슷하다.

TV나 영화로 접하는 모든 스토리는 플롯과 서브플롯으로 구성된다. 예를 들어 외국에서 탈출해야 하는 비밀 요원의 스토리가 영화의 주요 플롯이라면, 호텔방에서 나와 로비에 숨어 있는 스파이에게 들키지 않고 앞에 대기 중인 택시에 올라타는 것이 서브플롯이 된다. 이 서브플롯이 끝나면, 오토바이를 탄 악당들에게 쫓기면서 스포츠카로 거리를 질주하는 서브플롯이 시작된다.

스토리의 플롯은 영화 상영 시간(대략 두 시간 내외) 동안 집중할 만큼의 흥미로운 질문을 던져 거대한 스토리 전체를 연다. 반면 스토리의 서브플롯은 두 시간 동안 묻고 답하는 여러 개의 지엽적인 질문이라 할 수 있는데, 주인공을 앞으로 이끌어 청중의 관심을 유지시킨다.

지배적인 플롯 안에서 서브플롯을 열고 닫으면 프레젠테이션은 하나의 응집력 있는 스토리로 함께 엮인다.

지금껏 당신이 누군가의 프레젠테이션을 지켜보기가 지루했다면, 프레젠테이션에 글머리 기호로 표시된 요점들이 전체 플롯의 서브플롯이 아니었기 때문일 것이다.

시나리오에서 모든 장면은 주인공이 특정 문제의 해결에 한 발짝 다가가거나 반대로 후퇴하는 쪽으로 진전돼야 한다. 만약 하나의 장면이 전체 플롯의 맥락에 맞지 않는다면, 청중은 혼란스러워하며 스토리에 흥미를 잃을 것이다.

스토리 구조의 예시

플롯	주인공은 폭탄 테러범을 찾아 체포해야 한다.
	주인공은 빌딩 안에 설치된 폭탄을 찾아야 한다.
	주인공은 해체해야 할 폭탄 옆에서 수수께끼를 발견한다.
서브플롯	주인공은 테러범이 자신과 가까운 사이라고 암시하는, 그 수수께끼의 의미를 깨닫는다.
	주인공은 수수께끼를 풀고 테러범이 자기 형임을 깨닫는다.
	주인공은 20년 동안 보지 못했던 형을 찾아야 한다.

플롯	민주당과 공화당은 주민의 이익을 위해 협력해야 한다.
	우리는 교육 평등을 실현하기 위해 협력해야 한다.
서브플롯	우리는 약값 폭등을 해결하기 위해 협력해야 한다.
	우리는 조세 평등을 실현하기 위해 협력해야 한다.

훌륭한 프레젠테이션은 최종 해결책을 향해 스토리를 진전시키는 하나의 플롯과 서너 개의 서브플롯을 포함한다. 이것이 프레젠테이션에 사람들이 계속 주목하도록 만드는 방법이다.

Point !

프레젠테이션을 플롯과 서브플롯으로 구성하고,
지배적인 아이디어로 무엇을 채택할지 결정하라.

클라이맥스 장면을 예고하라

훌륭한 스토리는 어떤 일이 일어나길 원하는지 청중이 정확히 알 수 있도록 일찍이 클라이맥스 장면을 예고한다.

클라이맥스 장면에서 모든 긴장이 해소되고 청중은 문제가 해결되는 기쁨을 경험하기 때문에, 훌륭한 스토리는 모두 클라이맥스를 향해 달려간다.

훌륭한 커뮤니케이터는 청중이 발표자의 말에 따라 행동할 때 경험하게 될 클라이맥스 장면을 주지시키는 데 힘을 쏟는다.

존 F. 케네디는 미국 우주비행사들이 달 표면을 걷는 클라이맥스 장면을 예고했고, 미국인들은 그 장면을 보기 위해 그에게 투표해야 했다. "우리는 10년 안에 달에 가기로 결정했습니다." 윈스턴 처칠은 영국이 히틀러와 용감하게 싸운다면 일어날 수 있는 클라이맥스 장면을 제시했다. "우리가 그에게 맞설 수 있다면, 모든 유럽이 해방되고 세계인의 삶은 햇살이 가득한 넓은 고지대로 나아갈 것입니다."

'햇살 가득한 넓은 고지대로 나아간다'는 것이 곧 클라이맥스 장면의 예고였다.

프레젠테이션이 요구하는 대로 사람들이 행동한다면 삶은 어떤 모습이 될까? 청중이 더 나은 삶을 상상할 수 있도록 그림을 그려줬는가? 그러지 않았다면, 당신은 클라이맥스 장면을 예고하지 않았다는 뜻이다. 그리고 클라이맥스를 예고하지 않는다면 청중은 당신의 조언을 따르더라도 더 나은 미래를 보장받는다는 믿음을 가지지 못할 것이다.

클라이맥스 장면을 쉽게 상상할 수 있도록 시각화하라. 클라이맥스 장면을 시각화하려고 노력할수록 청중을 참여시키는 데 힘이 덜 든다. 청중이 그 장면을 자신의 삶에서 실현하길 원하도록 만드는 것이 핵심이다.

Point /

프레젠테이션에서 클라이맥스 장면을 예고하라.
그러면 당신은 청중에게 영감을 줄 것이다.

7장 청중을 사로잡는 커뮤니케이션 전략

청중에게 행동을 요구하라

훌륭한 프레젠테이션을 접한 청중은 행동해야 한다는 영감을 받게 된다. 그들은 달 표면을 걷는 우주비행사들을 돕거나 사람들이 햇살 가득한 고지대로 자유롭게 나아가는 모습을 목격하기 위해 무언가를 하고 싶어할 것이다.

하지만 뭘 해야 하지? 투표를? 아니면 맞서 싸워야 하나?

훌륭한 커뮤니케이터는 프레젠테이션에 강력한 행동 촉구를 담아, 청중이 각자 의미 있는 행동에 자발적으로 기여할 수 있도록 유도한다. 행동 촉구를 담는 주된 이유는 일반적으로 사람들은 행동하도록 요구받지 않는 한 행동을 취하지 않기 때문이다. 스토리 속 주인공은 선동적인 사건에 의해 행동을 취하도록 강요받아야 한다. 자신의 개가 납치됐거나 남편이 늑대로 변신했거나 하는 사건으로 말이다.

프레젠테이션 속 강력한 행동 촉구가 바로 스토리 속 선동적 사건에 해당한다. 행동 촉구는 청중에게 특정한 무언가를 하라고 요구하는 것이다.

강력한 행동 촉구를 포함해야 하는 또 다른 이유는 사람들이 행동을 취해야만 아이디어를 진짜로 믿을 수 있기 때문이다.

'스킨 인 더 게임skin in the game'(자신이 책임을 지고 직접 현실에 부딪힌다는 의미ㅡ옮긴이)과 비슷하다고 생각하면 된다. 청중에게 당신의 아이디어나 계획을 수용하도록 요구해야 비로소 그들은 그 아이디어와 계획을 자신의 것으로 소유하기 시작한다.

행동 촉구가 모호하지 않도록 주의하라. 반드시 명확해야 한다.

주유소를 찾으려고 낯선 사람에게 길을 물었더니 "근처에 주유소가 있다"라는 답변을 얻었다면 전혀 도움이 되지 않을 것이다. "오른쪽으로 세 블록 위로 가면 주유소가 있다"라는 명확한 안내가 있어야 주유소에 도달할 수 있다.

청중에게 다른 사람들을 더 잘 파악하라거나 더 신경쓰라고 요구하는 것은 구체적인 행동 촉구가 아니다. 그보다는 국회의원에게 전화를 걸도록 청중에게 요구하면서 그 전화번호를 화면에 띄워줘야 한다.

우리 회사에서는 콘텐츠를 만들 때마다 이 문구를 염두에 둔다. "독자들이 수학 문제를 풀도록 하지 말라."

이 말은 당신이 무엇을 하고 싶어 하는지 사람들이 추측하도록 두지 말라는 뜻이다. 그저 그들에게 말하라. 그것도 분명하고 쉽게.

Point /

프레젠테이션에 강력한 행동 촉구를 포함하라.

프레젠테이션의 테마를 결정하라

몇 년 전, 나는 나의 스피치 실력을 향상하기 위해 코치를 고용했다. 그는 내 사무실에 찾아왔고 내가 100번도 넘게 했던 연설의 동영상을 이틀 동안 살펴봤다. 그와 미팅하기 전에 나는 내 연설이 꽤 훌륭한 편이라고 생각했다. 기립 박수를 받은 적도 있었기 때문이다. 하지만 놀랍게도 코치는 내게 여러 가지를 조언했다.

나는 그저 평범한 연설을 했을 뿐이었다. 나는 그에게서 많은 것을 배웠다. 그가 나에게 해준 최고의 조언은 내가 '연단을 떠나기 전에 마지막으로 하는 말을 확실하게 통제하라는 것'이었다.

"사람들은 무엇보다 당신이 마지막에 던진 말을 기억합니다"라고 그는 말했다. "마지막 말을 내뱉는 건 종을 울리는 것과 같아요. 그 종소리는 한 시간 이상 청중의 마음속에서 계속 울려 퍼집니다."

이 말은 내게 큰 도움이 되었다. 사실 나는 오랫동안 프레젠테이션의 마지막 말을 등한시했다. 청중이나 진행자에게 감사를 표하거나 마지막 질문에 답하며 질의응답 시간을 끝냈고 좋은 저녁을 보내라는 인사와 함께 연단을 내려왔던 것이다.

스피치 코치의 코칭을 받은 후, 나는 연설의 마지막 대사를 연습하기 시작했다. 연설을 끝내고 청중의 마음속에 한 시간 이상 울려댈 생각이 내가 원하는 것과 정확히 일치하는지 확인하고 싶었다.

그리고 이런 질문을 던졌다. "마지막 대사는 무엇에 관한 것이어야 하는가? 무엇을 말해야 하는가?"

프레젠테이션에서 가장 강력한 마지막 대사는 스토리의 테마여야 한다.

테마의 중요성은 고대의 스토리 공식에서도 발견할 수 있다. 많은 작가가 모든 스토리는 테마에서 비롯된다고 믿는다. 테마는 '스토리의 주제'가 무엇인지 혹은 '스토리의 교훈'이 무엇인지를 알려주는 방식이다.

예를 들어 〈로미오와 줄리엣〉의 테마는 '사랑은 죽을 가치가 있다'이고, 〈헝거 게임〉의 테마는 '인류의 자유와 존엄성은 쟁취할 가치가 있다'는 것이다.

좋은 스토리처럼 좋은 프레젠테이션에도 테마가 있다. 테마를 발견하려면 왜 이 프레젠테이션이 그토록 중요한지 스스로에게 물어보라. 4분기에 실행하는 모든 일에 낭비가 있어서는 안 되기 때문에 중요한가? 고객이 잔디 관리에 과도하게 비용을 지출해서는 안 된다는 게 테마인가?

앞에서 언급한 주지사 시정연설의 테마는 '민주당 의원과 공화당 의원의 반목으로 인해 주민들이 고통을 받아서는 안 된다'이다.

프레젠테이션 말미에 테마를 밝힌다면 청중에게 말하고자 하는 바를 확실하게 알릴 수 있다. 테마를 언급하지 않으면 청중이 스스로 테마를 알아내도록 수학 문제를 던져주는 꼴이 된다. 테마를 밝히지 않으면 청중은 프레젠테이션의 주요 아이디어를 찾아내지 못하며, 그렇게 되면 당신은 훌륭한 발표자로 기억되지 못할 것이다.

프레젠테이션의 테마를 어떻게 결정해야 할까? 간단하다. 다음 문장의 빈칸을 채우면 된다. "내 프레젠테이션의 주요 요점은 _____ 이다."

프레젠테이션을 하며 이 요점을 여러 번 반복 언급하고 프레젠테이션을 끝내면서 이 요점을 마지막으로 강조하면 청중은 당신이 전달하려고 했던 것을 분명히 알게 될 것이다.

프레젠테이션의 테마를 결정했다면 그것을 마지막 대사로 정해라. 당신의 테마가 청중이 영원히 기억하는 아이디어가 되길 바란다면 말이다.

Point !

테마를 언급하며 프레젠테이션을 마무리함으로써 당신의
프레젠테이션이 왜 중요한지를 청중이 인지하도록 하라.

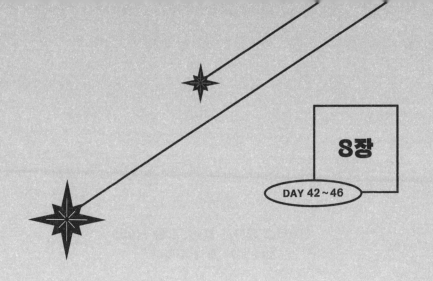

8장

DAY 42~46

고객을 주인공으로 만드는 세일즈 시스템

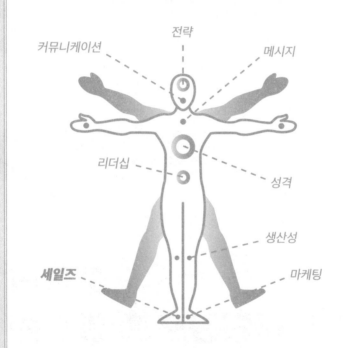

"고객은 당신이 필요하다는 사실을
절대 잊지 말아야 한다."

세일즈

지금까지 유능한 전문가의 성격 특성과 미션을 중심으로 팀을 통합하는 법을 배웠고, 생산성을 높이는 법, 메시지를 명확히 하고 세일즈 퍼널을 구축하는 법, 탁월한 커뮤니케이터가 되는 법 역시 습득했다. 이제 세일즈 시스템을 구축하는 방법을 이야기해보자.

회사를 경영하든 잔디를 깎든 상관없이 모든 전문가는 판매 방법을 이해해야 조직에서 자신의 가치를 극적으로 향상할 수 있다.

'판매한다'라는 말은 제품이나 서비스가 문제를 해결하는 방법을 사람들에게 명확하게 설명한 다음 구매 프로세스로 안내한다는 뜻이다.

대부분의 사람들은 세일즈가 '누군가에게 원하지 않는 것을 사라고 말하는 것'이라고 생각하지만, 누군가에게 그냥 무언가를 사라고 말하면 그 사람에게 한 제품을 한 번만 팔고 다시는 아무것도 팔지 못할 가능성이 높다.

인간은 물건을 사도록 강요받는 것을 싫어한다. 구매 강요를 받아들이더라도 그건 영업 사원을 물리치는 가장 빠른 방법이기 때문이므로 구매에 저항했다고 봐야 한다. 새 자동차를 구매한 많은 사람이 다시는 그 영업 사원에게 자동차를 구매하지 않겠다고 다짐한다.

반면 훌륭한 영업 사원은 고객이 자신의 문제를 제품으로 해결하고 그 과정에서 자부심을 느끼는 스토리로 이끈다. 고객을 영웅으로 만들고 그 영웅이 승리하도록 돕는 것이다.

세일즈 시스템은 구매자로 전환되는 잠재고객(리드)의 수를 극적으로 증가시킬 뿐만 아니라, 고객에게서 더 많은 존경과 감사의 말을 이끌어낼 것이다.

이 세일즈 시스템을 배우고 나면, 고객이 세일즈 프로세스의 어느 단계에 있는지 파악할 수 있고 고객이 각자 필요로 하는 바를 맞춰 제공할 수 있다. 또한 세일즈 프로세스를 확장할 수 있는데, 그렇게 되면 새로운 잠재고객을 끌어들이는 기쁨을 누릴 것이다. 잠재고객들 중 상당수가 구매를 결정한다는 사실을 알게 될 것이기 때문이다.

고객을 스토리의 주인공으로 만드는 것이 더 많은 사람을 돕고 더 많이 판매하는 열쇠다.

잠재고객을 검증하라

몇 년 전, 영화 시나리오를 공동집필한 적이 있는데 감독이 배우 캐스팅을 도와달라고 요청해왔다. 나와 감독은 배우들이 시나리오의 대사를 읽고 장면을 연기하는 비디오 오디션을 몇 시간 동안 진행했다.

이런 경험을 하기 전에는 감독이 그저 좋은 배우들을 골라서 영화를 제작하는 줄 알았는데 그게 아니었다. 감독은 최고의 배우가 아니라 각 배역에 꼭 맞는 배우를 선택했다. 몇몇 배우의 재능이 더 뛰어날 수 있겠지만, 키가 너무 크거나 나이가 너무 많을 수 있다. 감독이 원하는 배우는 각 역할에 알맞은 배우다.

세일즈도 마찬가지다. '판매'란 문제를 해결하여 더 낫고 충실한 자아로 자신을 탈바꿈하는 스토리에 고객을 초대하는 것이다. 하지만 이 스토리의 역할에 모든 캐릭터가 적합할 수는 없다.

세일즈에서 이를 '잠재고객 검증qualifying the lead'이라고 부른다. 제품이 해결하고자 하는 문제를 고객이 지녔는가? 고객이 해결책을 구입할 여유가 있는가? 고객에게 제품을 구매할 권한이 있는가?

영업 사원이 스토리에 캐스팅할 캐릭터를 결정하려면 적격 요소를 잘 알아두는 것이 중요하다. 엉뚱한 캐릭터를 캐스팅하면 스토리가 제대로 흘러가지 않기 때문이다.

우리 회사에는 잠재고객을 검증하는 일만 담당하는 직원이 있다. 왜냐하면 검증되지 않은 잠재고객에게 세일즈 프로세스를 진행하면 고객의 시간과 영업팀의 시간이 모두 낭비되고 회사의 비용이 불필요하게 지출되기 때문이다.

세일즈는 어찌 보면 에너지와 노력을 관리하는 과정이라고 말할 수 있다. 자격이 없는 잠재고객을 상대할 시간이 있다면, 차라리 그 시간에 책상 아래로 들어가 낮잠을 자는 것이 더 낫다. 수면은 성과를 올리는 데 효과가 있지만, 자격이 없는 잠재고객에게 다가갔다가 거부 당하는 일은 성과를 갉아먹는 미친 짓이니 말이다.

그렇다면 적격한 잠재고객은 누구일까? 위에서 언급했듯이, 자격을 갖춘 잠재고객은 다음과 같은 세 가지 기준을 충족한다.

1. 당신의 제품이 해결할 문제를 지닌 고객
2. 당신의 제품을 구매할 여유가 있는 고객
3. 당신의 제품을 구매할 권한이 있는 고객

우선 당신의 제품이 해결하고자 하는 문제를 잠재고객이 겪고 있지 않다면 다른 잠재고객으로 발길을 돌려야 한다. 하지만 이를 결정하려면 제품이 실제로 어떤 문제를 해결하는지 완벽하게 이해하고 잠재고객에게 그 문제가 있는지를 판단하기 위해 몇 가지 질문을 만들어야 한다. 예를 들어 이런 질문을 만들 수 있다. 보험 계약 갱신을 앞두었는가? 채용에 어려움을 겪고 있는데 인사팀에 전담 직원이 없는가? 정부 규정을 따르고 있지 않는가?

고객이 당신의 제품을 필요로 하는지를 판단할 수 있도록 질문을 개발하라. 그러지 않으면 귀중한 에너지를 낭비하고 만다.

두 번째로 잠재고객이 과연 당신의 제품을 구매할 여유가 있는지 파악해야 한다. "현재 마케팅에 얼마나 투자하고 있습니까?", "현재 인쇄 비용은 얼마나 듭니까?"와 같은 질문을 던져서 예산이 제약된 잠재고객이 당신의 제품을 구매할 수 있는지 파악하는 것이 합리적이다.

고객에게 제품을 구매할 돈이 없다면 좀 더 자격을 갖춘 잠재고객으로 발길을 돌려라. 물론 정중한 태도로.

마지막으로, 많은 잠재고객이 당신의 제품을 필요로 하고 구매할 돈도 있지만 구매 권한은 없다. 이런 경우 실제로 권한을 가진 사람과 관계를 발전시켜야 한다.

구매 결정을 내릴 권한이 있는지 잠재고객에게 물어보라. 권한이 없다고 답한다면, 권한을 가진 사람을 소개해달라고 요청하라. 제품의 가격에 따라 다르지만, 자격이 없는 잠재고객과 점심 식사를 하며 자격을 갖춘 잠재고객을 데려오도록 요청하는 것이 성공적인 조치가 될 수 있다.

여기서 핵심은 세일즈 프로세스를 시작하기 전이라 해도 당신이 지금 꼭 맞는 사람과 이야기하는지를 확인하라는 것이다. 꼭 맞는 사람이란 당신의 제품이 해결할 문제가 있고, 제품을 살 여유가 있으며, 구매할 권한이 있는 자를 말한다.

모든 영업 사원은 자격을 갖춘 잠재고객의 목록을 관리해야 한다. 각각의 잠재고객은 스토리에 캐스팅될 후보다. 적격 잠재고객 목록을 스토리에 캐스팅할 배우로 고려하라. 물론 그들 모두를 스토리에 캐스팅할 수는 없겠지만, 그 목록을 관리하면 역할에 맞지 않는 후보를 제거하는 데 큰 도움을 받을 수 있다. 이 단계만으로도 고객의 문제를 해결하고 그들의 삶을 변화시키기 위한 노력에서, 수천 시간은 아니더라도 수백 시간을 절약할 수 있다.

다음으로 잠재고객에게 스토리를 소개하는 방법을 알아보자.

Point /

문제를 해결하고 삶을 바꾸는 스토리로 고객을 움직일 수 있도록 잠재고객 검증 기준을 만들라.

고객을 스토리에 초대하라

스토리에 캐스팅할 사람이 누구인지 알아냈기에 이제는 그들을 스토리로 초대할 때다.

거의 모든 스토리에는 다섯 가지 상황이 발생한다. 주인공에겐 문제가 있고, 그 문제가 괴로우므로 행동을 취해야 하며, 주인공을 도울 계획이나 도구를 가진 가이드가 등장하고, 주인공은 가이드가 제시하는 해결책을 믿기 시작하며, 문제 해결에 돌입한다.

따라서 자격을 갖춘 잠재고객이 해당 스토리에 참여하는 데 관심을 갖도록 만들려면 그들을 위한 스토리를 제시하기만 하면 된다.

모든 고객을 위한 맞춤형 스토리를 생성하려면 다음의 공식을 적용하라.

1. 나는 당신이 'X 문제'로 어려움을 겪고 있음을 안다.
2. 나는 X 문제가 'Y 좌절'을 야기하고 있음을 안다.
3. 우리의 제품이나 서비스는 X 문제를 해결하여 Y 좌절을 해소한다.
4. 우리는 X 문제를 겪는 고객 수백 명을 도왔고 결과는 다음과 같다.
5. 당신의 문제와 좌절을 극복할 단계별 계획을 수립하자.

이 공식은 인간이 쉽게 끌리고 이해할 수 있기 때문에 수천 년 동안 스토리를 전하는 데 사용되었다. 그렇기에 제품을 구매하여 문제를 해결하는 스토리로 고객을 초대할 때는 이 공식을 사용해야 한다. 너무나 많은 영업 사원이 엉뚱한 곳으로 빠지는 바람에 많은 판매 기회를 놓치고 만다.

고객의 생일에 선물과 감사 카드를 보내고 전화를 거는 대신, 문제를 식별하고, 그 문제가 일으키는 좌절이 무엇인지 경청하며, 문제를 해결하는 방법을 상담하는 데 많은 노력을 기울여라.

영업 사원의 목표가 '고객에게 호감을 주는 것'이 되어서는 안 된다. 바람직한 목표는 '신뢰를 얻는 것'이다. 사람들은 자신에게 친절한 사람을 좋아하기 마련이지만, 문제를 해결하는 데 도움을 주어 좌절감을 해소해줄 수 있는 사람을 신뢰하고 존경한다.

잠재고객과 이야기를 나눌 때 고객을 초대할 스토리를 분명하게 파악하고 분명하게 설명할 수 있는가? 문제를 해결하고 삶을 변화시키는 스토리로 그들을 초대하는가?

그러지 않다면 위의 다섯 가지 공식을 적용하여 그들이 문제를 해결하도록 하는 스토리로 그들을 초대하라. 판매 성과가 늘어나면서 당신은 더 많은 신뢰를 얻을 것이다.

Point /

**고객의 문제를 식별하고
그들을 문제가 해결되는 스토리로 초대하라.**

8장 고객을 주인공으로 만드는 세일즈 시스템

요점을 반복 언급하라

대부분의 잠재고객은 영업 사원이 매력적이거나 친절하거나 도전적이지 않다고 해서 구매를 포기하지는 않는다. 영업 사원이 문제를 해결하도록 안내하지 않기에 구매를 포기한다.

더 많이 팔기를 원한다면 가이드의 역할을 수행하라.

앞에서 살펴봤으니 모든 스토리에 어떤 역할이 존재하는지 당신은 알 것이다. 그리고 세일즈에서 고객이 주인공을 맡는다는 점도 잘 알 것이다. 스토리는 모두 고객에 관한 것이다. 그렇다면 당신은 가이드를 맡아야 한다.

〈스타워즈〉에서 오비완 케노비는 루크 스카이워커의 가이드였다. 〈헝거 게임〉에서 헤이미치는 캣니스의 가이드였다.

당신은 고객의 가이드다.

조력자는 어떤 역할을 수행해야 할까? 세일즈에서 가이드는 다음의 세 가지 과업을 수행한다.

1. 주인공에게 스토리가 무엇에 관한 것인지 상기시킨다.
2. 주인공에게 문제를 해결하고 이기기 위한 계획을 제시한다.

3. 스토리의 클라이맥스 장면을 예고한다.

가이드 역할을 수행하려면 고객에게 스토리가 무엇에 관한 것인지 지속적으로 상기시키고 고객이 스토리 속으로 발을 들이게 만들어서, 그들이 긍정적인 해결책을 경험할 수 있도록 해야 한다.

가이드는 자신이 해야 할 대사를 잘 알아야 하고 그걸 자주 반복해야 한다. 고객에게 스토리를 상기시키고 그들에게 계획을 제시하는 것이 대사의 요점이어야 한다.

영업 사원이 어린이 놀이터 장비를 만드는 회사의 직원이고 고객이 교회라면, 가이드의 대사는 다음과 같다.

저는 귀 교회가 지역사회의 사람들에게 더욱 친근하게 다가가려고 노력한다는 사실을 잘 알고 있습니다. 놀이터를 설치하여 개장식에 지역사회의 사람들을 초대하면 그들에게 따뜻한 메시지를 전달할 수 있고 많은 사람이 모임에서 유대감을 느낄 겁니다. 그리 되면 더 많은 사람이 교회에 나와 삶을 변화시킬 거라고 저는 생각합니다.

스토리, 계획, 클라이맥스 장면이 무엇인지 파악했는가?

문제: 지역사회 주민들은 교회 건물이 있다고 해서 교회에 오지는 않는다.
계획: 놀이터를 만들어 개장식에 지역사회 주민들을 초대한다.
클라이맥스 장면: 더 많은 사람이 교회에 다니기 시작하여 삶을 변화시킨다.

이런 식의 대사가 가이드가 말해야 할 요점이 된다.

요점을 기억하라

고객을 스토리로 초대하는 핵심은 스토리를 정의하는 요점을 파악한 다음, 점심 식사 모임, 이메일, 제안서, 전화 통화 등에서 대사를 반복하는 것이다.

많은 영업 사원이 관계를 구축하느라 오랜 시간을 보낸다. 바람직하긴 하지만, 영업 사원의 임무는 고객의 문제를 해결하고 고객의 삶을 변화시키는 것이어야 한다. 그리고 솔직히 말해 문제를 해결하고 삶을 변화시키는 것보다 더 빨리 관계를 구축하는 방법은 없다.

물론 의미 있는 대화 없이 고객에게 대사를 반복하면 불쾌감을 심어줄 수 있다. 하지만 잠재고객 각각에게 맞춘 이야기 요점을 준비할 때의 장점은 대부분의 시간을 다른 주제로 이야기하는 데 쓸 수 있다는 점이다.

요점을 강조하고 설득력 있는 스토리로 초대하는 데 20퍼센트의 시간을 쓰고, 진정한 관계를 구축하는 데 80퍼센트를 사용할 수 있는 것이다.

고객과 함께하는 자리라면, 고객이 스토리를 이해하도록 요점으로 대화를 시작하고 요점으로 대화를 마무리하는 것이 좋다.

리더가 중요한 연설이나 인터뷰에 임하듯이 유능한 영업 사원은 자기가 제시할 요점을 암기하고 그것을 계속 반복하여 말한다.

그렇게 하면 고객은 영업 사원을 인생의 가이드로 인식하며, 매력적인 스토리에 빠져들어 문제를 해결하기 위해 제품을 구매할 것이다.

항상 기억하라.

고객은 주인공이다.

그리고 그들은 자신을 스토리로 초대할 가이드를 찾는다. 이것이 바로 유능한 영업 사원이 되는 길이다.

Point /

고객을 스토리로 끌어들이기 위해 요점을 잘 정의하고,

그것을 계속 반복하여 말하라.

멋진 제안서를 만들라

많은 영업 사원이 글머리 기호로 제안을 요약하여 이메일로 급히 보내놓고서는 고객이 그 제안을 거부하면 크게 실망하곤 한다.

종종 고객은 가격이나 경쟁사 제품, 일정이나 예산 문제 등을 이유로 구매하지 않기로 결정했다고 말한다. 하지만 그런 변명이 과연 진짜일까?

실제로 고객은 거래가 어떻게 진행되고 그들이 거래로 무엇을 얻을 수 있는지 혼란스럽기 때문에 제안을 거부하곤 한다.

그렇기 때문에 제안서, 브로슈어, 동영상에 포함할 스토리 요점을 항상 암기해야 한다.

구매를 설득하는 과정, 즉 고객의 문제를 파악하고 계획을 제시하며 삶의 클라이맥스를 예고하는 과정에서 고객이 모든 말을 기억할 것이고 당신의 제안을 몇 시간에 걸쳐 살펴볼 거라고 가정해서는 안 된다. 설령 고객이 즐거운 대화를 나누며 스토리에 빠져들었더라도 집에 가서는 금세 잊어버릴 가능성이 크다.

그러니 결정을 내려야 할 때가 되면 혼란을 느낄 수밖에 없다.

고객이 당신의 제안을 생각해보고 나중에 다시 연락하겠다고 말한다면 당신은 고객이 제안을 거부한다고 생각할 것이다. 하지만 나는 그들이 당신의 제안을 완전히 거부하는 것은 아니라고 본다. 그들은 "좀 더 명확해지면 다시 연락 드리겠습니다"라고 말하는데, 애석하지만 시간이 지난다 해도 절대 명확해지지는 않는다. 그들이 읽고 검토할 수 있는 흥미로운 문제를 제공한 적이 없기 때문이다.

그래서 세일즈를 성사하는 데 좋은 제안서, 브로슈어, 웹사이트, 동영상 등이 중요하다.

사람들은 안갯속으로 걸어 들어가는 것을 좋아하지 않는다. 인간에게 내재된 생존 메커니즘이 실질적, 잠재적 위협이 없는 환경에 머물기를 원하기 때문이다. 안갯속으로 들어가는 것은 너무나 많은 미스터리를 수반한다. 아이디어의 세계에서도 마찬가지다. 미래가 어떤 모습일지, 누군가의 의도가 무엇일지, 다음 단계가 무엇일지 혼란스러워 하면 뇌는 정신적 안개를 감지하고 뒤로 물러선다.

훌륭한 영업 사원은 제안서 템플릿을 만든 다음 각 고객을 위해 제안서를 커스터마이징한다. 고객의 문제, 논의하여 세운 구체적 계획, 그리고 클라이맥스 장면으로 이어지는 강력한 행동 촉구를 신중하게 전달한다.

좋은 제안서의 템플릿은 다음 항목을 담는다.

1. 고객의 문제
2. 문제를 해결할 제품
3. 해결책(제품)을 고객의 삶에 구현할 계획
4. 가격과 옵션
5. 클라이맥스 장면(문제를 해결한 결과)

이것은 동화책에서 볼 수 있는 것과 다르지 않은 간단한 이야기 공식이다. 이해하기 쉬울 뿐만 아니라 그 안의 전제(제품이 고객의 문제를 해결할 수 있다)를 파악하기도 쉽다.

이런 공식으로 스토리를 배치한 제안서, PDF 파일, 동영상은 이해하기 쉽고, 혼동을 유발하지 않으며, 판매로 이어질 가능성이 더 크다. 제안서는 시대에 뒤떨어지고 느리며 불필요해 보일지 모르지만, 사실은 고객에게 훌륭한 서비스이며 동시에 거래를 성사하는 힘이 된다.

유능한 영업 사원은 평소 데이터베이스를 살펴보며 고객의 문제와 해결책에 관한 요구사항을 떠올린 다음 고객이 검토할 수 있도록 제안서를 커스터마이징한다. 그들은 다른 어떤 영업 사원들보다 더 많은 거래를 성사한다. 왜 그럴까? 그들은 고객의 스토리를 기억하며, 고객이 명확히 결정하도록 시간을 들였기 때문이다.

Point!

고객이 혼란 없이 결정을 내리도록 동화책의 공식을
사용하여 제안서를 작성하라.

거절을 두려워하지 말라

고등학생 시절, 여자애들과의 데이트를 독차지했던 친구가 있었다. 언제나 젠틀했던 그는 여자애들에게 다가가 자연스레 말을 걸었고 웃음을 이끌어냈다. 여자애들이 그에게 관심을 보이면 그는 데이트를 신청했다. 그에게는 두려움이 전혀 없었고 여자애들은 오히려 그걸 높이 샀다. 가볍고 재밌게 말하며 전혀 부담을 주지 않는 그를 좋아했던 것이다. 그는 여자애들이 자신을 거부해도 개의치 않는 것 같았다. 거부를 가볍게 받아들여서 여자애들이 미안해하지 않도록 했다. 그래서 그런지 여자애들은 그를 더욱 좋아하게 됐다.

　하지만 나를 비롯한 다른 친구들은 처음부터 엄청난 부담을 느꼈다. 그래서 여자애들이 데이트 신청을 거절할 때면, 나는 그 애가 다시는 나에게 말을 걸지 않거나 자기 친구들에게 내가 소름끼친다고 말할 것이라고 상상했다. 나는 당황한 나머지 그런 상황에서도 어찌됐든 데이트를 성사하겠다는 일념으로 어떤 샴푸를 사용하는지, 머리를 어떻게 묶는지와 같은 최악의 질문을 던지고 말았다.

　어느 날 나는 그 친구에게 어떻게 여자애들과 대화할 때 그토록 대담할 수 있는지 물었다. 그는 미소를 지으며 이렇게 말했다. "이봐,

친구. 심각하게 생각하지 마."

이 말은 연애를 할 때만 유용한 조언이 아니었다. 인생에 도움이
되는 조언이었다.

데이트는 그저 데이트일 뿐이고 거절은 삶의 일부이며 누구도
거절당하는 일에 기분이 나빠져서는 안 된다는 사실을 깨닫기까지
그 후로 몇 년이 걸렸다.

세일즈도 마찬가지라고 생각한다. 사람들이 데이트에서 긴장하
는 이유는 몇몇 영업 사원이 거래가 성사될지 안 될지를 두려워하는
이유와 같다. 그들은 거절당할까 봐 긴장한다. 거절을 너무 심각하게
생각한다.

당신이 소심하지 않고 사람들을 최대한 존중하며 주변 사람들
의 삶에 도움이 될 수 있다고 믿는다면, 세일즈를 심각하게 생각할
이유는 없다.

세일즈는 삶의 일부이며 아무도 그것을 이상하게 생각하지 않
는다. 누구에게 팔아야 하는지, 제품이 어떤 문제를 해결할 수 있는
지 잘 알고 지인들에게 제품을 홍보해달라고 당당하게 요청해야 영
업 사원으로서 역량을 발휘할 수 있다. 훌륭한 영업 사원이 되려면
거절에 대한 두려움을 극복해야 한다.

세일즈 프로세스의 가장 중요한 부분은 행동 촉구다. 영업 사원
이라면 모두가 이를 잘 안다. 하지만 행동 촉구에 자부심을 느끼고
그런 요구 역시 세상에 기여하는 행동이라고 여기며, 거절당해도 심
각하게 받아들이지 않는 자가 판매를 성사한다.

나는 잠재고객(또는 친구, 가족, 버스 운전사 등)과 이야기를 나눌

때 종종 이런 말을 한다. "당신 회사의 직원들은 대학교를 다시 다닐 여유가 없기 때문에, 독학을 하려면 당신의 도움이 매우 필요해요. 당신은 그들이 저의 온라인 강좌 플랫폼에 등록하도록 해야 합니다. 그들은 훌륭한 비즈니스 전문가가 될 것이고 당신의 배려에 깊이 감사할 거예요"

내가 사람들에게 내 제품을 자주 알리는 이유가 뭔지 아는가? 그것은 내가 몇 년 동안 대학교를 다녔음에도 조직에서 가치 있는 업무를 수행하기 위해 필요한 것들을 배우지 못했기 때문이다. 책에서, 친구에게서, 실패에서 내가 알아야 할 것을 배우고 성공한 경영자가 된 후에 다른 사람들이 내가 배워온 과정을 더 쉽게 학습하도록 해주고 싶었다. 나는 내 제품을 믿는다. 내가 세상의 심각한 문제를 해결할 수 있다고 믿기 때문에 사람들에게 알리는 것을 부끄러워하지 않는다.

간단히 말해, 나는 각자의 삶을 변화시킬 스토리로 사람들을 초대할 수 있다고 믿는다. 그런데 왜 내가 부끄러워해야 하는가?

당신이 판매하는 제품을 믿는가? 고객의 문제를 해결하고 그들의 삶을 변화시킬 수 있다고 믿는가? 그러지 않다면 지금 일을 그만두라. 진심이다. 회사를 바로 그만두고 당신이 믿을 수 있는 미션을 찾아라.

나는 당신에게 하루 종일 세일즈를 가르칠 수 있지만, 만약 당신이 자기 자신과 제품을 믿지 않는다면 내 가르침은 아무런 소용이 없을 것이다.

영업 사원이 거래를 성사시킬 때 겪는 문제의 대부분은 심리적인 것들이다. 그들의 문제는 거절을 심각하게 받아들이는 데서 비롯

되는데, 그렇기 때문에 세일즈를 위한 대화가 어색해지고 만다. 그들의 문제는 자신을 믿지 않고 자신의 제품을 믿지 않으므로 발생한다.

스스로를 믿고 제품을 믿어야 두려움 없이 행동할 수 있다. 그래야 자신 있게 고객에게 행동을 촉구할 수 있다.

Point !

거절을 두려워하지 말고
고객에게 행동을 촉구하라.

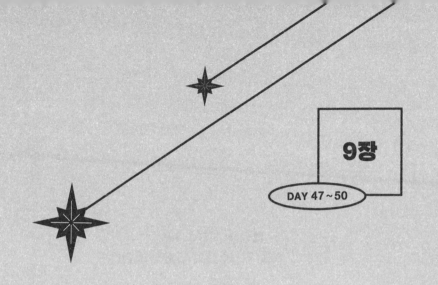

9장

DAY 47 ~ 50

절대 패배하지 않는
협상의 원칙

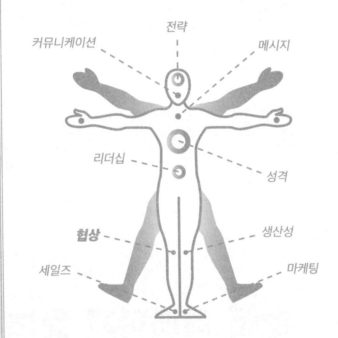

"협상은 직감이 아닌
검증된 프로세스에 따라 진행해야 한다."

전략
커뮤니케이션
메시지
리더십
성격
협상
생산성
세일즈
마케팅

협상

이제 훌륭한 협상가가 되는 법을 배울 차례다. 모든 전문가는 알게 모르게 끊임없이 협상에 임한다. 상사와 급여에 대해, 비서와 일정에 대해, 공급 업체와 계약에 대해, 심지어 친구와 점심 식사를 할 레스토랑에 대해 협상을 진행한다.

거래를 성사하거나 문제를 해결하기 위해 전략적 의사소통을 하는 자신을 발견한다면, 지금 당신은 누군가와 협상 중인 것이다.

훌륭한 협상가는 회사에 매년 수백만 달러의 돈을 벌어다 주거나 그만큼의 비용을 절약하게 해준다. 따라서 협상 프레임워크를 잘 학습한다면 누구든지 조직 내에서 자신의 가치를 극적으로 향상시킬 수 있다.

애석하게도 대부분의 전문가는 자신이 협상에 임하고 있다는 사실을 전혀 깨닫지 못한 채로 협상을 한다. 결정을 내리기 위해 누군가와 이야기하는 상황을 그저 대화라고 여긴다. 그래서 그들은 자신이나 회사가 원하는 것을 얻어내지 못한다.

실무자들 중에서 협상 교육을 받는 사람의 비율은 10퍼센트가 안 된다. 아직 교육을 받지 못한 나머지 사람들은 이번 장에서 각자의 경제적 가치를 높일 전략적 기회를 얻을 수 있다.

협상할 때는 직감을 믿지 말고, 검증된 프로세스를 따르라.

캘리포니아의 페퍼다인 로스쿨에서 학생들을 가르치는 존 로리 John Lowry가 협상 교육 과정에서 강조하는 네 가지 원칙을 알려주겠다. 그는 협상 프레임워크가 없으면 협상에서 패배할 가능성이 높다고 말한다. 그의 말이 옳다.

나는 존의 수업을 세 번 들었으며 그때마다 늘 새로운 것을 배웠다. 그는 수백만 달러를 벌어들인 계약 협상에서 내가 취했던 행동 몇 가지를 가르쳤다.

존이 말하는 네 가지 원칙은 직접적으로 돈을 벌어다 주었고 비용을 절약하게 해주었다. 이를 습득한다면 당신은 주변 모든 사람보다 더 뛰어난 협상가가 될 것이다. 훌륭한 협상가가 된다면 어떤 팀에서든 가치 있는 팀원으로 인정받을 것이다.

협상의 두 가지 유형을 파악하라

모든 사람이 협상을 동시에 같은 방식으로 바라보지는 않는다. 어떤 협상은 승-패가 갈리는 게임처럼 진행되는 반면, 또 어떤 협상은 승-승 솔루션을 찾기 위한 노력으로 이루어진다.

사실 협상은 장기화되면 승-승방식에서 승-패방식으로 바뀔 수 있고, 그렇게 전환된 것을 알아차리지 못한다면 협상 과정에서 십중팔구 고통을 겪고 만다.

승-패 협상은 경쟁적 협상이고, 승-승 협상은 협력적 협상이다.

협상에 대한 일반적인 규칙은 한쪽이 경쟁적이고 다른 한쪽이 협력적일 경우, 경쟁적 협상 기술이 협력적 협상 기술을 거의 대부분 압도한다는 것이다.

하지만 그렇다고 경쟁적 협상가가 항상 승리한다는 뜻은 아니다. 두 협상가가 협상에 참여하면 한쪽이 이기는 동안 다른 한쪽은 반드시 진다.

경쟁 모드일 때 상대편 협상가는 결과에 만족하는 모습을 보이지 않는다. 그는 당신이 불쾌해하길 바란다. 다시 말해 경쟁 모드에서 상대편 협상가는 당신이 지기 전까지는 자기가 이겼다고 인식하지 않는다.

반면 협력 모드일 때 상대편 협상가는 거래에서 양측 모두 이익을 얻는 방법을 찾는다.

여기에 규칙 하나가 있다. 당신이 협력 모드로 참여했는데 상대편을 보고서 경쟁 모드에 있다고 느낀다면 즉시 당신도 경쟁 모드로 전환해야 한다. 왜 그래야 할까? 상대편은 승-승을 바라지 않기에, 결과적으로 승-승 시나리오를 짜려면 상대편이 당신에게 동조하도록 만들어야 하기 때문이다.

구체적으로 어떻게 해야 할까? 최근에 나는 상업용 부동산을 구매하기 위해 협상을 벌였다. 내 기본적 협상 모드는 협력이었기에 승-승 시나리오를 찾으려 했다. 하지만 협상을 진행할수록 상대편은 내가 원하는 것을 이해하려고 하기보다 자신이 원하는 것에만 관심을 둔다는 사실이 분명해졌다.

나는 즉각 경쟁 모드로 전환했다. 오르락내리락하던 가격이 마침내 내가 원하는 수준이 되었다.

그 시점에 나는 상대편에게 악수를 청하며 "이 가격으로 하는 게 서로에게 좋겠군요"라고 말하지 않았다. 대신에 속마음을 감추고 그 가격 역시 꽤나 높은 수준이라서 거래가 이루어져도 상당한 희생을 감수해야 한다고 그에게 알렸다.

나는 그에게 더 낮은 가격을 원한다고 말했고 가격을 낮춰달라고 재차 물었다. 상대편은 거절 의사를 보였다. 그때에야 나는 어쩔 수 없다는 표정을 지으며 원하는 가격으로 거래를 성사했다.

내가 원하는 가격에 이르렀다고 상대편에게 알리지 않는 것이

9장 절대 패배하지 않는 협상의 원칙

왜 중요할까?

상대편이 '이 가격이 서로에게 좋은 결과'라는 사실을 알면 가격을 올릴 것이기 때문이다. 경쟁적 협상가는 당신이 지는 모습을 보고 싶어 한다. 그렇기 때문에 그들은 당신이 거래를 성사하기 위해 손해를 감수한다는 것을 알고 나서야 만족한다.

속임수라고? 그렇지 않다. 사실 나는 거래를 성사하기 희생을 감수해야 했고 그보다 적은 비용으로 건물을 매입하고 싶었다. 만약 상대편이 나의 분노를 은근 바랐다면, 그가 원하는 걸 주었을 것이다. 결국 그것이 거래를 성사하는 유일한 방법이었다. 명심하라. 경쟁 모드에 있을 때 상대편 협상가는 당신이 졌다고 느낄 때까지는 절대 공세를 멈추지 않을 것이다.

여기서 우리가 알아둬야 할 점은 협상 가격의 '가짜 최저점false bottom'을 만들어야 한다는 것이다. 경쟁 모드에 있을 때 경쟁적 협상가는 당신이 더 이상 협상을 진행하기 어려울 때까지 가격을 계속 낮추거나 높인다. 협상이 경쟁적으로 진행됐음을 깨닫는다면 당신이 더는 협상을 이어갈 수 없다는 사실을 알려야 한다. 그러면 상대편은 자신이 승리했다고 느낄 것이다.

한 가지 경고를 하겠다. 순진하게 굴지 말라. 경쟁 모드에 있을 때 상대편은 당신이 지기를 원한다. 협력 모드에 있다면 양측 모두가 이기기를 바란다. 둘 중 무엇도 다른 것보다 더 바람직하지는 않다. 둘 다 필요한 협상 모드다.

하지만 당신이 협력 모드에 있는데 상대편이 경쟁 모드에 있다면, 그리고 상황이 어떻게 돌아가는지 알아차리지 못한다면 당신은 협상에서 지고 만다.

　　당신이 협상하는 상대편이 어떤 모드에 있는지 항상 파악하고
그에 따라 대응하라.

Point /

경쟁적 협상인지 협력적 협상인지 항상 파악하여

그에 따라 협상에 임하라.

선을 넘으라

모든 협상이 합리적이지는 않다. 인간은 복잡한 존재이고 협상 중에는 종종 감정적인 이슈가 발생하곤 한다. 사람들은 돈뿐만 아니라 많은 것에서 동기를 부여받는다.

회사를 창업할 때 나는 보통 대기업에서만 일하고 싶어 하는 스타급 인재를 끌어들일 방법을 찾아야 했다. 우리 회사에서 일할 때의 '여러 가지 혜택'을 나열해봤다. 첫 번째는 우리가 분명 의미 있는 미션을 수행 중이라는 것이었는데, 이는 스타급 인재에게 매력적인 요소였다. 또 하나의 혜택은 직위별로 급여보다 더 가치 있는 것을 제공한다는 점이었다. 우리 회사는 개인의 영향력을 키울 소규모 플랫폼이나, 재택근무 기회, 성과가 뛰어난 팀과 함께 일할 기회를 줄 수 있었다. 우리 회사가 초기부터 훌륭한 팀을 구축해낸 방법은 우리 회사에 합류할 경우 얻을 수 있는 추가적인 기회를 강조하는 것이었다.

존 로리는 이를 '선 넘기going below the line'라고 부른다.

협상할 때 어떤 요인들이 작용할 수 있는지 스스로에게 물어보라. 자신의 자동차를 중고로 판매하려는 사람은 자동차를 좋아하고 자기처럼 관리할 사람에게 차를 팔고 싶어 하는데, 만약 당신이 그 차를 구매하길 간절히 원한다면 그 사람에게 당신이 앞으로 어떻게 꾸준히 차를 잘 관리해나갈지 구체적으로 설명하라.

땅콩버터를 팔 때, 엘비스 프레슬리가 죽기 직전에 먹었던 것과 같은 땅콩버터라고 말한다면 구매자가 더 많은 비용을 기꺼이 지불할까? 만약 구매자가 엘비스의 광팬이라면 그러한 정보를 전달하는 것이 바로 '선 넘기'다.

어느 대규모 비즈니스 거래를 협상하는 동안 나는 그러한 선 넘기로 승-승 시나리오를 만들어냈다. 내가 진행하는 행사에 유명 인사를 연사로 초청했는데, 나는 그가 나중에 강연 내용을 책으로 만들 수 있게 도움을 주기로 약속했다. 그 유명 인사가 초청을 승낙한 이유는 강연료가 고액이라서가 아니었다. 자료를 수집하고 원고를 작성하도록 내가 그를 도울 수 있었기 때문이었다.

존 로리의 말이 옳다. 선을 넘으면 무엇인가가 거의 매번 이루어진다. 훌륭한 협상가는 협상이 그저 수치 계산으로 끝나지 않음을 잘 안다. 협상은 거래를 마쳤을 때 누군가에게 만족을 가져다주는 것이다. 여기에는 정서적인 만족도 포함된다.

당신은 협상을 할 때 선 너머에 무엇이 있는지 찾으려는 습관을 가졌는가?

Point !

거래를 협상할 때 더욱 만족스럽게 성사하는 방법으로,
상대편에게 선을 넘어서 제안할 수 있는 무언가를 찾아보라.

초기 제안가 initial offer 를 설정하라

협상 연구자들 사이에는 제안가를 공개하느냐 마느냐로 의견이 분분하다. 제안가를 공개해서는 안 된다는 측은 상대편이 먼저 말할 때까지 기다리면 상대편이 무엇을 원하는지 알게 되고 거래를 성사하는 데 필요한 실마리를 잡을 수 있다고 주장한다.

상대편이 고려하는 제안가 범위를 알지 못하기 때문에 이 주장은 어느 정도 일리가 있다. 하지만 상대편이 먼저 제안가를 공개하게 만든다면 더 가치 있는 것을 잃고 만다. 즉, 무엇을 기준으로 협상을 진행해야 하는지 알 수 없게 된다.

협상의 중심을 잡는다는 것은 테이블 위에 숫자 하나를 올려 두고 협상이 그 숫자에서 벗어나지 않도록 한다는 뜻이다.

예를 들어 당신이 새 차를 구입한다고 하자. 자동차 판매 대리점은 늘 높은 기준 가격을 유리창에 붙여놓는다.

3만 5000달러를 제시하는 대리점과 협상을 벌여 당신이 3만 4000달러까지 가격을 내렸다면, 대리점이 요구한 가격에서 1000달러 할인된 금액으로 거래를 했다고 느낄 것이다.

하지만 초기 제안가(자동차에 붙은 가격표)가 대리점이 속으로 바라는 적정 거래 가격보다 5000달러 높게 책정됐다면 어떨까? 그러면 당신은 1000달러를 깎은 것이 아니라 오히려 4000달러를 더 지불한 꼴이 된다.

당신이 초기 제안가를 설정하면 그 시점부터 대화는 그 가격을 중심으로 돌아간다. 이것은 전략적 이점이다.

하지만 당신이 초기 제안가를 설정할 수 없는 입장이라면 어떻게 될까? 예를 들어 부동산과 자동차를 구매하는 상황에서는 협상을 시작하기도 전에 초기 제안가를 접하게 된다. 이럴 때는 수정 제안가 counter offer를 제시하고 그것을 중심으로 협상이 진행되도록 조정할 수 있다. 수정 제안가는 초기 제안가보다는 강력하지 않지만 그래도 도움이 된다.

때로는 협상의 중심을 조정하는 정보가 있으면 대화를 초기화할 수 있다.

자동차 관련 비즈니스를 하던 내 친구는 최근에 새 차를 구입하기 위해 고급 자동차 대리점을 방문했다(그는 여러 자동차 대리점에서 재고를 추적 관리하는 소프트웨어를 판매했었다).

영업 사원이 9만 달러를 제시하자 친구는 대리점이 자동차 회사로부터 차를 보통 6만 달러에 들여온다는 내용의 인쇄물을 꺼내 보여주며 7만 달러가 공정한 가격이라고 말했다. 자동차 대리점의 마진으로 1만 달러가 적정하다는 뜻이었다. 그 친구가 보여준 것은 작은 정보였지만, 덕분에 협상의 유리한 고지를 점할 수 있었다. 그는 9만 달러의 자동차를 7만 2000달러에 구매했다.

초기 제안가를 공개하든 말든 협상의 중심이 되는 다양한 제안

가를 염두에 둔다면, 당신이 원하는 결과로 향하도록 거래를 이끌
수 있다.

초기 제안가를 설정하여
협상이 그것을 중심으로 진행되게 하라.

감정에 사로잡히지 말라

앞서 언급했듯이, 우리가 협상에 임할 때 완벽히 이성적으로 행동하기는 어렵다. 그러므로 원하는 바를 협상할 때는 감정에 휩쓸려 잘못된 결정을 내리지 않도록 유의해야 한다.

사람들은 무엇을 협상하든지 간에 자신이 그것을 간절히 원하기에 협상에 임한다고 전제한다. 그 때문에 집이건, 차건, 새로운 팀원이건, 연인이건 갑자기 협상의 힘이 상대편으로 옮겨간다. 그런데도 자신이 원하는 것에 눈이 멀어 무엇이든 희생하려 한다.

이는 잘못된 협상이다.

감정에 압도되었을 때는 무엇을 해야 할까?

한 가지 좋은 방법은 다른 대안을 찾아 관심을 분산해서 쉽게 휩쓸리지 않도록 하는 것이다.

예를 들어, 몇 년 전에 아내와 나는 이웃집을 매입하기 위해 협상을 시작했다. 우리의 계획은 그 집을 사서 허물고 새 집을 지은 다음 우리가 현재 거주하는 집을 게스트하우스로 사용하는 것이었다. 우리 부부는 매년 하룻밤 손님을 200명 이상 접대하기 때문에 공간이 필요했다.

사실 이웃이 요구한 가격은 너무 비쌌다. 그는 그 도시의 인기 지역에 있는 비슷한 크기의 집을 기준으로 판매가를 책정했다. 그럼에도 나는 이웃집이 위치한 바로 그 땅에 우리의 드림 하우스가 세워지고 내가 뒤뜰을 거니는 모습을 상상했다. 그 상태에서 내가 할 수 있는 일은 그가 요구하는 가격을 맞춰주는 것뿐이었다.

하지만 나는 존 로리의 가르침을 떠올렸다. 감정에 휩싸이면 관심을 분산하고 대안을 찾으라는 것이었다.

자신이 협상하는 대상이 무엇이든 간에 그게 유일하다고 느끼는 순간 '희소성 마인드셋scarcity mindset'에 빠져 영향력을 상실한다.

나는 이웃에게 제안가를 말하지 않고, 부동산 중개인에게 전화를 걸어서 근처에 있는 15에이커짜리 땅을 저렴하게 매입할 수 있는지 물었다. 몇 년 전부터 그 땅에 관심이 있었지만 당시 가격이 우리 부부가 가진 예산을 훨씬 초과했기에 매입 의사를 밝힌 적은 없었다.

부동산 중개인은 마지못해 그 땅의 소유주에게 제안을 했는데 놀랍게도 그는 관심을 보였다. 몇 달 후, 아내와 나는 15에이커의 땅을 요구 가격의 3분의 2 정도로 매입했다. 믿을 수 없었다.

더 나은 대안이 없다는 생각이 들면 우습게도 그것을 너무나 간절히 원하게 된다. 하지만 관심을 분산하는 순간, 협상에서 영향력을 회복하고 희소성 마인드셋이 큰 대가를 치르게 만든다는 사실을 비로소 깨닫는다.

여기서 전략은 무언가를 너무나 간절히 원하지 않도록 조심하는 것이다.

무언가를 너무나 간절히 원해서 감정에 휩싸이게 되면, 잘못된 결정을 내리기 시작할 것이다. 세상에는 놀랍게도 다양한 옵션이 존재한다. 그 옵션들이 무엇인지 확인하고 협상을 시작하라.

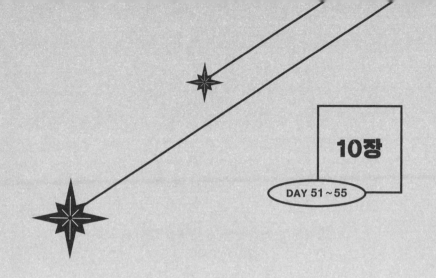

전문적인 리더가 되기
위한 인사관리

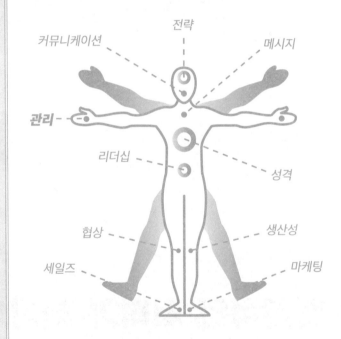

"팀원들이 원하는 바가 무엇인지 아는 것이 관리의 시작이다."

관리

이제 의심할 여지 없이 당신은 이 책을 읽기 전보다 훨씬 더 가치 있는 전문가가 되었을 것이다. 하지만 많은 전문가가 매일 해야 하는 '인사관리' 업무를 습득한다면 좀 더 가치가 높아진다.

관리management는 '타인이 성공하도록 도움으로써 결국 팀 전체를 성공으로 이끄는 일'이다. 성공이란 무엇인지 명확히 정의를 내리지 않는 관리자, 팀 전체의 성공을 위해 무엇을 도와야 하며 팀원 각각에게 어떤 경험이 성공이라고 생각하는지 명확히 제시하지 못하는 관리자를 사람들은 좋아하지 않는다.

간단히 말해, 사람들은 다음과 같은 두 가지 이유로 전문적인 리더를 신뢰한다.

1. 자신이 하는 일을 잘 알며 팀이 성공하도록 돕는다.

2. 팀원들 각각에 신경을 쓴다.

좋은 관리자는 팀이 보유한 스킬과 역량을 분석하고, 팀을 중심으로 성공적인 계획을 설계할 수 있다.

이 책의 다음 장에서 나는 실행execution 프로그램을 만들고 적용하는 법을 이야기할 것이다. 관리와 실행은 동전의 양면이다. 관리는 '사람에게 꼭맞는 과업을 창의적으로 부여하는 것'이다. 관리는 시스템을 만드는 것이고, 실행은 그런 시스템을 운영하는 것이다.

훌륭한 관리자는 시스템이나 프로세스를 지향하고 탁월한 결과가 나올 때까지 실행을 직접 관리한다.

'관리자'라는 직함이 없더라도 관리자는 어디에나 존재한다. 자신의 업무를 개선할 자유가 있다면 사실 팀원도 관리자다. 팀원 또한 중요한 일이 무엇인지 파악하고 이를 더 빠르고 훌륭하게 수행할 프로세스를 만들어야 하기 때문이다.

당신이 설립한 회사에서 혼자 일한다면 당신이 곧 관리자다. 가시적인 가치를 창출하고 성공 확률을 최대로 높이려면 더 똑똑하고 더 빠르며 더 훌륭하게 일을 수행해야 한다.

물론 관리란 시스템뿐만 아니라 그 시스템 내에서 사람들을 관리하는 일임을 항상 기억해야 한다.

앞으로 5일 동안, 초보 관리자부터 노련한 전문가에 이르는 모든 사람의 관리 스킬을 향상시키는 관리 방법을 소개하겠다.

인재를 관리하는 소프트 스킬soft skill(소통이나 책임 의식 등 다른 사람과 함께 원활히 일하는 데 필요한 능력—옮긴이)을 넘어 고성과 팀을 구축하는 데 도움을 받을 수 있을 것이다.

이 관리 방법의 또 다른 목표는 모든 팀원에게 존경할 만한 관리자를 선사하고 성공을 알리는 손익계산서를 쥐어주는 것이다.

명확한 우선순위를 설정하라

관리자의 가장 중요한 임무는 해당 부서의 우선순위를 명확하게 이해하는 것이다. 그래서 나는 우리 회사의 모든 관리자가 본인이 책임지고 생산할 제품을 분명히 아는지 확인한다. 판매 계약 성사, 잠재고객 관리, 커리큘럼 완성, 구독 갱신 등 모든 부서는 수익에 기여하기 위해 존재한다. 각 부서의 우선순위는 해당 부서가 책임져야 하는 모든 업무로 구성되어야 한다. 당신 자신과 모든 팀원이 무엇에 중점을 둬야 하는지 우선순위를 정하라.

간단하고 사소한 말처럼 들리겠지만, 사실 내가 만나는 관리자 중 절반은 담당 부서에서 무엇을 생산해야 하는지 잘 알지 못한다. 설령 그들이 잘 알더라도 팀원들과 이야기를 나누면 다른 대답을 듣곤 한다.

아무도 관리자의 속마음을 읽을 수 없다. 그렇기에 관리자는 매일 팀원들에게 어디에 초점을 맞춰야 하는지 알려야 한다.

부서에서 무엇을 생산해야 하는지를 정의할 때 관리자가 범하는 또 다른 실수는 모호하게 말하는 것이다. 고객 서비스 팀을 이끄는 관리자는 "우리는 '고객 만족'을 실현한다"라고 듣기 좋은 말을 하는데, 고객 만족이란 무엇인지 특정하기 어렵고 어떻게 곧바로 실현할지는 더욱 알기 어렵기만 하다.

미소를 만들고 사람들을 행복하게 한다는 것은 훌륭한 마케팅 문구지만, 좋은 관리자들은 그보다 더 실용적인 측면에 집중한다.

예를 들어 고객 서비스 부서의 관리자는 '서비스 티켓을 받은 후 30분 이내에 100퍼센트 서비스를 받은 고객의 수'와 같은 유형의 지표를 설정해야 한다. 30분 이내에 고객의 요구를 들어주는 것이 만족도를 극적으로 높인다는 사실을 알아차린 팀은 각 부분에서 노력하여 전체적으로 고객 만족을 실현하는 법을 습득하게 된다.

이론적인 이야기로 들리겠지만, 이론은 중요하다. 관리자는 담당 부서나 회사가 무엇을 추구하는지 명확하게 정의해야 한다. 당신이 어떤 결과를 만들기로 정하든, 다음의 세 가지 특성을 만족해야 한다.

1. 측정 가능해야 한다.
2. 수익성이 있어야 한다.
3. 확장 가능해야 한다.

측정 가능해야 한다

당신은 지금 무엇을 생산하는지 알며 그것을 측정할 수 있는가?

레스토랑을 운영한다면 음식을 조리하는 시간과 그 음식을 테이블로 가져가는 데 걸리는 시간과 같은 지표를 측정하고자 할 것이다. 만약 그런 시간을 측정하지 않으면 차갑게 식은 음식이 손님 앞에 놓일 가능성이 커지고 식사 경험은 불쾌해질 수밖에 없다.

관리자로 지원하는 자리의 면접을 본다고 하자. 면접자가 자신의 첫 번째 역할은 회사의 수익을 높이기 위해 생산 프로세스를 여러 부분으로 나눈 다음 팀원들이 각각을 책임질 수 있도록 측정하는 것이라고 말한다면, 자기 업무를 정확히 안다는 좋은 평가를 얻을 것이다. 대부분의 관리자는 자신의 임무가 사람을 관리하는 것이라 생각하고 프로세스에는 눈길을 주지 않지만, 명확한 프로세스와 우선순위가 주어져야 팀원들이 성장한다.

수익성이 있어야 한다

각 부서에서 생산하는 것이 무엇이든 간에 조직 전체의 손익과 직접 연관되어야 한다. 이벤트 담당 부서라면 '이벤트를 생산하는 것'만으로는 충분하지 않다. 수익성 있는 이벤트를 기획해내야 한다. 이벤트 담당 이사가 자신의 임무는 그저 이벤트를 만드는 것이라고 생각한다면, 수익성 없는 이벤트를 50개나 만들어서 회사를 몰락시킬 수 있다.

놀랍게도 그렇게 할 관리자가 생각보다 많기 때문에 수익성은 아주 중요하다. 그들은 자신의 임무가 상사가 지시한 일련의 작업을 단순히 실행하는 것이라고 쉬이 여긴다. 하지만 이는 관리자의 임무가 아니며 낮은 수준의 작업자나 할 일이다. 관리자는 항상 자신의 생산물이 조직 전체의 매출과 이익에 어떤 영향을 미치는지 잘 파악해야 한다.

만약 상사가 매출과 이익에 별로 관심을 두지 않는데 그 밑의 관리자가 깊이 신경을 쓴다면, 그 관리자는 단시간에 상사의 자리를 차지할 것이다.

수익은 회사의 밑바탕이다. 수익성이 없으면 회사는 망하고 모든 직원은 일자리를 잃게 된다. CEO와 경영진은 이를 잘 알기에, 수익성이라는 부담을 잘 이해하는 관리자들에게 친밀감을 느낀다.

확장 가능해야 한다

마지막으로, 당신이 생산하는 것이 무엇이든 간에 확장 가능해야 한다. 확장을 원치 않는 기업이라면 해당되지 않겠지만, 대부분의 기업에게 확장 가능성은 매우 중요하다. 관리자가 제품을 만드는 프로세스를 수립하고 그 프로세스가 수익성 있게 확장되지 못하면 조직의 영향력이 제한되고 만다.

생산해야 하는 것들을 더 많이 만들기 위해 더 많은 사람을 고용할 수 있는가? 당신이 설계한 프로세스가 당신이나 다른 직원의 성격이나 스킬에 따라 달라지는가? 반드시 수행해야 하는 프로세스를 명확히 정의함으로써 새로 합류한 사람도 윤활히 업무를 수행할 수 있는가?

가치 지향 전문가는 부서에서 생산하는 것을 정의하여 부서를 어떻게 관리할지 잘 알고 있다. 따라서 그들이 생산하기로 결정한 것이 어떤 것이든 간에 측정 가능하고 수익성이 있으며 확장 가능해야 한다. 생산할 것을 잘 파악하고 지금 말한 세 가지 특성을 확인하는 것이 관리자의 임무 중 상당 부분을 차지한다.

애석하게도 이것이 임무의 일부라는 사실조차 인지하지 못하는 관리자가 아주 많다. 대부분의 초보 관리자는 직원들과 매주 회의를 열며 "어떻게들 되어 가나?"라고 묻는다. 사려 깊은 질문처럼 들리겠지만, 도움이 전혀 되지 않는다. 이런 관리자를 둔 직원들은 자기가 무엇을 생산해야 하고 무엇에 집중해야 하는지 전혀 모를 뿐만 아니라 자신의 성과를 측정할 방법도 알지 못한다.

그저 사람들과 소통하고자 하는 관리자는 존경과 신뢰를 받기보다 인기에 더 관심을 두는데, 그러면 본인의 정신 건강에는 도움이 될지 모르겠지만 팀원과 조직의 수익에는 끔찍한 악영향을 끼친다.

인간은 가치 있는 무언가를 추구하는 커다란 스토리의 일부가 되기를 소망한다. 그리고 인생과 일의 진행 상황을 측정하고 연말에는 한 해 동안 이뤄낸 것이 무엇인지 확인하기를 좋아한다.

관리자는 인기 이상의 것을 소망해야 한다. 또한 측정 가능한 성과를 바탕으로 모든 구성원이 팀을 소중하고 중요하다고 느끼도록 노력해야 한다.

각 부서에서 생산해야 하는 것이 무엇인지 명확하게 정의하면 목적과 기대치가 명확해진다. 그러고 나서 팀원들이 그 생산에 영향을 미치는 특정 작업을 수행하도록 책임을 부여해야 인기뿐만 아니라 신뢰와 존경을 얻게 된다.

Point /

**훌륭한 관리자라면 명확한 우선순위를 설정하며
측정 가능하고, 수익성이 있으며,
확장 가능한 프로세스를 만들어야 한다.**

10장 전문적인 리더가 되기 위한 인사관리

핵심성과지표KPI를 측정하라

유능한 관리자가 수행하는 두 번째 임무는 핵심성과지표를 규명하고 측정하는 것이다.

유능한 관리자들은 측정하는 것을 즐긴다. 숫자는 팀에게 도전하고 성장하는 방법과 다양한 성공을 축하할 시기를 알려주기 때문에, 그들은 사람을 사랑하는 것만큼이나 숫자를 사랑한다.

당신과 함께 일하는 팀원들은 항상 자신이 잘하고 있는지를 궁금해 하기에, 만약 핵심성과지표로 진행 과정을 측정하지 못하면 그들에게 해줄 말이 없어진다.

당신의 부서가 무엇을 만들어낼지 정의한 다음, 그것이 실제 생산으로 이어지는 데 필요한 요소를 측정해야 한다.

무엇을 측정할지 결정하면 자기 자신과 팀원들에게 일상적인 작업들 중 무엇이 중요한지를 알릴 수 있다. 팀원들이 자기가 어떤 특정 업무를 책임져야 하는지 명확히 알면, 관리자를 신뢰하고 존경하게 된다.

부서에서 만들 것을 정의하고 나서 그것의 생산을 유발하는 주요 선행지표를 파악해야 한다. 선행지표lead indicator는 성공으로 이어지는 행동을 뜻하고, 후행지표lag indicator는 성공의 척도를 뜻한다.

예를 들어 1월에 제품 1000개를 팔았다는 정보는 후행지표다. 이미 발생한 판매이므로 여기서 판매를 더 늘리기 위해 할 수 있는 일은 없다. 1월 매출은 그대로 마감된다.

반면, 각 영업 사원이 하루에 전화를 15번 걸도록 하는 것은 후행지표에 영향을 미치는 선행지표다. 훌륭한 관리자는 후행지표만큼이나 선행지표에 신경을 쓴다. 선행지표가 후행지표를 유발하기 때문이다.

만약 내가 영업 이사라는 직책을 부여받은 지 얼마 되지 않았다면, 매출을 일으키는 요소를 파악하는 일이 나의 최우선 업무일 것이다.

만약 '전화를 건 횟수'가 그런 요소 중 하나라면, 나는 전화 통화를 곧 '잠재고객 확보'라는 의미로 판단할 것이다. 또한 영업 전화에 응한 잠재고객에게 이메일 홍보를 진행했더니 매출이 늘어났다는 사실도 파악할 것이다. 여기에 공식적인 제안서까지 발송했더니 매출이 더 올랐음을 알게 될 것이다.

그렇다면 나는 무엇을 측정해야 할까? 잠재고객 수, 초기 통화 횟수, 이메일 홍보 건수, 공식 제안서 발송 횟수 등이 측정해야 할 지표가 된다.

또한 매우 중요한 거래에 임했을 때 CEO가 잠재고객에게 전화를 걸면 평소보다 70퍼센트나 많은 거래가 성사된다는 사실을 발견했다면, 나는 CEO의 승인을 받아 'CEO의 직접 통화 횟수'를 선행지표로 추가할 것이다.

좋은 관리자는 전체 프로세스를 볼 줄 알며 프로세스의 각 부분에서 생산성을 측정하는 방법을 잘 안다.

하지만 긍정적 지표를 측정하는 것만이 우선은 아니다. 훌륭한 관리자는 잠재적인 문제도 잘 관리한다. 그들은 조립 라인이 언제 고장날 가능성이 가장 높은지 파악하고, 여러 기계의 가동 시간을 측정하여 라인이 정지되는 사태를 예방하는 유지 보수 작업을 진행한다.

생산을 늘리는 특정 지표를 측정하지 않으면 팀원과 부서의 초점이 흐려지고 좋은 것을 만들어낼 가능성이 희박해진다.

좋은 관리자는 코치처럼 행동한다. 그들은 팀원들에게 게임의 규칙을 설명할 뿐만 아니라 게임을 더 잘 수행하고 승리할 방법을 구체적으로 제시한다.

단순히 팀원들을 독려만하는 관리자는 코치가 아니다. 치어리더일 뿐이다. 코치는 플레이를 설계하고 구체적인 지침을 주며 팀원들과 협력해 승리로 나아가는 전략을 구상한다.

무엇을 핵심성과지표로 삼을지 결정하려면 생산해야 하는 제품의 구성 요소를 역설계해야 한다.

예를 들어 특정 부서의 업무가 제품 판매를 촉진하기 위한 '소셜 미디어 자료를 생성하는 것'이라면 다음과 같은 핵심성과지표를 설정할 수 있다.

1. 제품의 장점을 강조하는 구체적이고 유용한 인스타그램, 페이스북, 트위터 게시물 5개

2. 제품이 삶을 탈바꿈했다는 고객 사례 3개

3. 무료 혜택을 포함하여 월 2회의 직접적인 제안

이런 특정 구성 요소는 고객의 주문을 이끌어낸다. 만약 이런 핵심성과지표를 매주 충족한다면 회사의 수익에 긍정적인 영향을 미칠 것이다.

마지막 한 가지! 각 선행지표는 기준치와 비교되어야 한다. 기준치는 일일, 주별, 월별 목표를 달성했는지 확인하는 데 도움이 된다. 만약 이번 주에 100회의 영업 전화를 걸어야 했지만 75회만 완료했다면 조정이 필요한지 파악하기 위해 분석을 진행해야 한다.

우리의 기대가 너무 높았던 건 아닐까? 아니면 우리의 성과가 너무 낮았던 걸까? 훌륭한 관리자는 이런 질문을 집중적으로 던진다.

핵심성과지표를 규명하는 것은 효율과 출력을 측정하기 위해 기계의 작동 방식을 완전히 파악하는 것과 같다.

측정하지 못하면 추측할 수밖에 없다. 당신이 추측에 의존하면, 실제로 무엇을 측정해야 하는지를 잘 아는 사람이 당신을 대체할 것이다.

그런 일이 일어나지 않도록 하라.

측정할 대상을 잘 파악하고 당신 스스로 또는 당신의 부서가 생산하는 것의 양과 질을 높이는 데 집착하라.

어떤 사람들은 이것이 인간을 기계의 톱니바퀴처럼 보는 관리 개념이라고 생각할지 모른다. 하지만 그렇지 않다. 관리자가 하는 일은 게임과 스코어보드를 만들어 모두가 게임의 규칙을 이해하고 게임을 즐기도록 하는 것이다.

훌륭한 관리자는 자신의 업무에서 게임을 만드는 방법을 잘 알며 팀원들을 성공으로 이끄는 방법 역시 잘 알고 있다.

Point /

최종 제품을 성공적인 산출로 이어지게 하는

핵심성과지표를 규명하고 측정하라.

간소한 프로세스를 만들라

무엇을 생산해야 하는지 알고 그것의 생산을 유발하는 선행지표를 측정했다면, 이제 우리가 관리할 그 '기계'의 효율을 높여야 할 때다.

가치 지향 전문가는 창의적인 발상으로 기계의 성능 향상을 꾀한다. 이것이 일반적인 전문가와의 차이다.

가치 지향 전문가는 기계를 제작하고 아웃풋을 측정한 다음 효율과 생산성을 높이기 위해 엔진을 조정할 줄 안다.

하지만 부서라는 기계를 더 효율적으로 만드는 방법은 무엇일까? 간단히 말해 어떻게 하면 기계가 더 좋아질까?

당신과 함께 일하는 팀원들 대부분은 똑똑하고 재능이 있다. 그들과 단절한 상태로 혼자 프로세스를 개선하지 말라. 팀원들과 함께 앉아 프로세스를 분석하고 이 질문에 집중하라.

"어떻게 이것을 더 좋게 만들까?" 통찰력은 당신이 아니라 당신의 팀원들이 가지고 있을 것이다. 그리고 팀원들을 참여시키면 개선된 작업 방식에 대해 더 많은 동의를 얻을 것이다.

기계를 더 효율적으로 만드는 것은 훌륭한 관리자가 하는 일 중 하나다.

맥도날드의 창업자 레이 크록Ray Kroc은 더 많은 햄버거를 판매하기 위해 종업원들이 각자의 업무를 수행하면서도 동시에 다른 작업의 진행을 확인할 수 있도록 바닥에 조리 구역을 분필로 표시 했다.

패스트푸드점을 운영한 적이 없더라도, 프로세스를 분석하고 활동 대비 아웃풋 비율을 높이는 시스템을 만든다면 더 많은 돈을 벌수 있다. 비효율로 인해 엄청난 돈이 낭비되는데, 이를 발견하고 개선하는 관리자라면 더 큰 역할을 부여받을 것이다.

기계를 더 효율적으로 만든다는 말은 활동 대비 아웃풋 비율을 향상시킨다는 뜻이다. 같은 활동으로 더 많은 아웃풋을 얻는 방법은 무엇일까? 예를 들어 '작업장 내외의 설비를 다른 곳으로 옮겨 인원 배치와 구역을 크게 조정할 필요가 없도록 하는 것'이 한 가지 대답이다. 또한 수익성 높은 활동에 집중하기 위해 특정 과업을 아웃소싱하거나 매출이 미미한 부문을 폐쇄하는 것 역시 답이 될 수 있다.

근본적인 질문은 이것이다. "품질을 낮추거나 활동을 늘리지 않으면서 어떻게 더 많이 생산할까?"

부서의 아웃풋과 효율을 향상하기 위해 던져야 할 또 다른 질문은 이렇다. "우리 부서의 제약 요소는 무엇이고 그 제약을 어떻게 줄일 수 있을까?"

상대할 가치가 적은 고객과의 전화 통화에 너무나 많은 시간을 보내는가? 모두가 원하는 기계가 따로 있는데 현재 사용 중인 기계와 같은 것을 또 하나 들이는 게 합리적인가? 특정 직원이 특정 기준을 충족하지 못하는가? 당신이 책임지는 기계가 비효율적인 이유가 무엇인가?

훌륭한 관리자는 매일 이런 질문을 던지면서 활동 대비 아웃풋 비율을 높이기 위해 지속적으로 변화를 시도한다.

Point /

어떤 제약 요소가 당신을 가로막는지 질문을 던짐으로써

당신과 당신 부서의 효율을 향상하라.

가치 있는 피드백을 제공하라

당신이 만들고 개선하려는 프로세스는 가치 있는 피드백을 제공함으로써 구축되고 유지된다.

나는 우리 회사의 최고운영책임자와 함께 미식축구 팀 시애틀 시호크스가 연습하는 모습을 보며 그 팀이 얼마나 효율적으로 훈련하는지에 주목했다. 그 팀은 말 그대로 단 45분만에 다음 게임에서 실행할 모든 플레이를 연습했다. 선수들은 호루라기 소리에 맞춰 몇 차례 운동장에 나왔다가 들어갔다. 그들은 연습을 통해 모든 프로세스를 암기했고 스위스 시계처럼 정밀하게 움직였다.

하지만 훈련의 정수는 마지막에 있었다. 감독은 선수들을 불러 모은 다음 연습의 성과를 축하했다. 왜 그랬을까? 인간은 기계가 아니기 때문이다. 선수들에겐 관계 안에서 인간적인 인정이 필요하다.

사람은 기계보다 훨씬 더 복잡하고 기적적인 존재다. 기계는 미묘한 세계의 아름다움, 가치, 의미를 평가하지 못한다. 기계는 감정적이거나 위안을 주는 방식으로 사람에게 공감하지 못하고 웰빙에 관심을 갖지 못한다.

좋은 관리자는 직원이 가장 소중한 자산임을 잘 알기에, 더 좋은 기계를 만들려고 노력하면서도 그 기계를 제작하는 사람들을 세심하게 배려한다.

일터에서 직원들을 적절하게 배려하는 일에는 그들이 팀의 일원으로 어떠한지 알려주는 행위가 포함된다. 바로 칭찬과 건설적인 피드백이다.

칭찬을 할 때는 칭찬받을 만한 행동이 무엇인지 구체적으로 언급하라. 그저 "잘했어"라고만 말해도 팀원이 어떤 행동을 반복해야 하는지 잘 알 것이라고 가정해서는 안 된다. "압박 속에서 침착함을 잘 유지했다" 혹은 "그 일을 올바르게 수행하려고 시간을 더 들인 것은 잘한 일이다"와 같이 구체적으로 밝혀야 한다.

팀원을 칭찬하는 일은 쉽다. 그러나 칭찬은 사람 관리의 절반일 뿐이다. 건설적인 피드백을 제공하는 것이 나머지 절반이다.

초보 관리자들 중 상당수는 건설적인 피드백을 두려워한다. 팀원을 칭찬하는 일은 거부감 없이 받아들이지만 비판적인 대화는 꺼린다. 그래서 제대로 된 피드백을 받지 못한 팀원들은 결국 관리자가 "잘했어, 잘했어, 잘했어. 하지만 이제 너는 해고야"라고 말하는 듯한 느낌을 받는다.

관리자는 기꺼이 수용하고 개선할 수 있는 방식으로 가치 있는 피드백을 팀원 개개인에게 편안하게 전달함으로써 그들이 가치 지향 전문가로 발전하도록 도와야 한다.

좋은 피드백을 제공하는 데에 핵심은 당신의 지시를 받는 팀원들을 위하는 마음을 항상 간직하는 것이다. 속 빈 강정같은 피드백을 팀원들은 수용하지 않을 것이다.

농구 감독이나 축구 감독이 선수들에게 화를 내면서 직접적으로 비판하는 모습을 본 적이 있을 것이다. 하지만 대부분의 선수는 열정적인 태도로 경기에 임하고, 자신의 행동을 교정해 준 감독을 존경한다.

왜 그럴까? 감독이 선수들에게 자신은 선수를 위해 존재하고 선수가 스포츠뿐만 아니라 삶에서도 성공하기를 바란다며, 자기 생각을 아주 분명하게 밝혔기 때문이다.

누구든지 자신을 지지하는 관리자의 비판이라면 분명 기꺼이 수용할 것이고 오히려 갈망할 것이다.

가치 있는 피드백을 제공할 때 관리자가 준수해야 할 몇 가지 일반적인 규칙은 다음과 같다.

1. 즉시 피드백하라.

2. 당신과 함께하며 팀원이 무엇을 느꼈는지 물어보라.

3. 다른 접근 방식으로 팀원이 머릿속 시나리오를 다시 작성하게 하라. 그 팀원은 다음 기회에 올바른 방법으로 업무를 수행하게 된다.

4. 당신이 팀원들을 위해 존재하는 사람이고 팀과 더불어 그들 각자가 성공하기를 원한다는 사실을 상기시켜라.

팀원들에게 부정적인 결과를 알리는 것만으로는 충분치 않다. 팀원들이 자신의 실패를 깨닫고 나중에 성공하도록 구체적인 지침을 줘야 한다.

관리자가 '팀원을 사용한다'고 생각한다면, 그들의 성공을 칭찬하면서 실패를 반복하는 사람은 배제하면 된다. 하지만 관리자가 '팀원을 위해 존재한다'고 생각한다면, 성공을 칭찬해줄 뿐만 아니라 성공을 반복하는 데 도움이 되는 실용적인 도구를 가르쳐야 한다. 어떻게? 칭찬과 건설적인 피드백을 모두 제공하면 된다.

Point !

팀원 개개인에게 칭찬과 함께
건설적인 피드백을 제공하라.

치어리더가 아니라 코치가 돼라

코치와 치어리더는 한 가지 공통점이 있다. 둘 다 팀이 이기길 바란다는 점이다.

이것이 유일한 공통점이다.

애석하게도 대다수의 비즈니스 리더들은 코치 같은 관리자가 아니라 치어리더 같은 관리자를 채용한다.

코치는 자신의 비즈니스 지식을 팀원들에게 전수해서, 성장하는 조직 내에 자기 자신을 '복제'한다. 팀원들은 비록 관리자가 되길 원치 않더라도, 관리자가 일하는 방식과 이유를 알게 된다면 업무 이해력을 높이며 주인 의식을 가지게 된다. 치어리더는 단순히 팀을 응원하지만, 코치는 승리로 나아가는 과정을 팀에게 가르친다.

치어리더의 일이 잘못된 것은 아니지만, 치어리더만으로는 팀(또는 개인)을 성공으로 이끌지 못한다.

치어리더는 팀원을 응원하지만, 코치는 성공하는 데 유용한 구체적인 지침과 목표를 담은 프레임워크를 제공함으로써 팀원이 업무를 수행할 때 프레임워크를 학습하고 적용하도록 돕는다.

좋은 비즈니스 코치를 만날 만큼 운이 좋은 전문가는 성공할 운을 타고났다고 말할 수 있다.

팀원들에게 코치로 인정받도록 행동하라 하라. 좋은 관리자는 팀을 코치하는 방법을 잘 알고 있다.

훌륭한 비즈니스 코치의 다섯 가지 특징은 다음과 같다.

1. 팀원 개개인이 자신의 업무와 경력에서 성공하기를 바란다.
2. 팀원 개개인의 스킬과 동기를 솔직하고 객관적으로 평가한다.
3. 팀원들이 배운 적 없는 것을 스스로 학습하기를 기대하기보다 팀원들에게 실용적인 스킬을 가르친다.
4. 팀원들이 더 나아지도록 일상적이고 건설적인 피드백을 제공한다.
5. 팀원 개개인의 성공을 칭찬하고 그들의 정체성 변화를 확인한다.

여기 고등학교 농구팀을 이끄는 코치가 있다. 연습 첫날, 코치는 선수들을 일렬로 세운 다음 시즌 우승의 비결은 단순하다고 설명한다. 상대팀보다 더 많은 점수를 얻으면 된다고 말이다. 그런 다음 코치는 다른 팀보다 더 많은 점수를 얻지 못하면 책임을 감수해야 한다고 설명한다. "하지만 걱정 말라. 더 많은 점수를 얻으면 칭찬과 상을 받을 테니까."

이것이 코치가 선수들에게 말한 전부다.

이런 팀은 분명 망할 운명이다. 왜 그럴까? 코치는 없고 치어리더만 있기 때문이다.

코치는 팀에게 경기가 어떻게 이루어지는지 설명하고, 각 선수의 기량을 평가하여 올바른 위치에 배치하며, 경기력을 향상할 실용적이고 반복 가능한 행동을 가르쳐야 한다. 그렇게 해야 팀원들이 각자의 능력을 개발해 변화를 경험할 수 있고 최고의 농구 선수가 될 수 있다.

비즈니스 세계에서 처음부터 효과적인 관리 방법을 아는 전문 가는 별로 없기에, 팀원들에게 가르칠 수 있는 것이 아주 적을 수밖에 없다. 대부분의 조직에는 관리자가 부족하다(코치가 훨씬 부족하다). 거의 치어리더들뿐이다. 이런 상황은 반드시 바뀌어야 한다.

관리자라면 이 책에서 배운 내용을 팀원들에게 가르쳐라. 팀원 들이 비즈니스 시스템이 어떻게 작동하는지 이해하도록 돕고, 그들 이 이미 보유한 스킬들 중 가치 있는 것과 앞으로 향상해야 할 것이 무엇인지 알려주라.

팀원들은 치어리더를 좋아하지만, 좋아하면서도 존경하는 대상 은 바로 코치다. 좋은 관리자는 좋은 코치다.

Point /

성공하기 위해 사용할 수 있는 실용적인 방법을 제시하며
팀원 개개인을 코치하라.

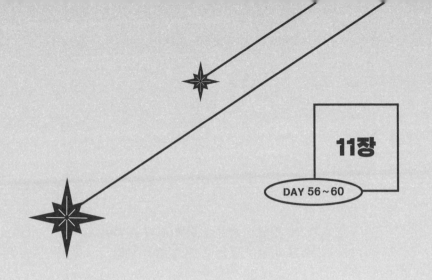

계획한 프로세스를
끝까지 완수하는
실행 시스템

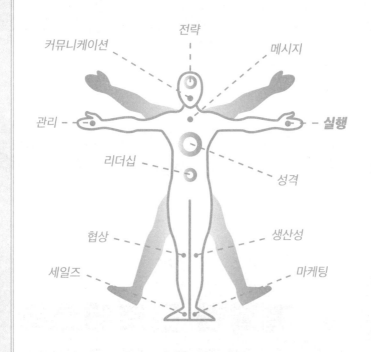

"일의 진행 상황과 나아가야 할 방향을
모든 팀원이 확인할 수 있어야 한다."

실행

지금까지 유능한 전문가의 성격 특성을 알아봤고, 미션 선언문과 경영 지침을 만드는 법, 개인의 생산성을 향상하는 법, 비즈니스가 실제로 작동하는 방식, 메시지를 명확히 하는 법, 훌륭한 프레젠테이션을 진행하는 법, 마케팅과 세일즈 퍼널이 작동하는 법, 판매에 도움이 되는 시스템, 훌륭한 협상가가 되는 법, 존경받는 관리자가 되기 위한 방법을 배웠다. 이제 열정적이고 생산적으로 일하는 팀이 되도록 실행 시스템을 운영하는 방법을 알아보자.

비즈니스에서 팀원의 실행 능력보다 더 중요한 특성은 없다.

하루 종일 앉아서 아이디어를 이야기하더라도, 회사를 발전시키는 것은 고객에게 판매되는 제품으로 전환되는 아이디어뿐이다.

지금까지 좋은 프로세스를 만들어 사람을 관리하는 법을 배웠으니, 이런 프로세스를 실행하려면 어떻게 해야 하는지 살펴보자.

실행 시스템이 없는 상황은 팀원들을 안갯속에서 일하게 하는 것이나 마찬가지다.

실행 시스템을 도입하고 관리하는 가치 지향 전문가는 안개를 걷어내고 빛을 선사한다.

우리 회사에서는 가장 높은 급여를 받는 직원이 실행 시스템을 관리한다. 왜 그럴까? 그가 모든 팀원이 최고 수준으로 활동하도록 만들어주는 사람이기 때문이다.

회사는 제품이 진열대에 놓이고, 영업 사원들에게 필요한 자원이 갖춰지고, 마케팅 캠페인이 실행되어야 돈을 벌기 시작한다. 조직 구성원들이 소비하는 모든 에너지는, 작업이 실제로 완료되고 제품이 매출액과 이익을 벌어들이지 않는다면, 불필요한 비용이다. 훌륭한 실행 시스템이 없으면 매년 엄청난 양의 에너지가 낭비된다.

10장이 수익성 있는 제품과 서비스(아웃풋)를 생성하는 프로세스 설계에 대한 내용을 다뤘다면, 11장은 그런 프로세스와 관련된 반복 가능한(그리고 관계 지향의) 대화를 관리하는 방법을 알려준다.

실행 시스템의 단계는 다음과 같다.

1. 프로젝트 또는 계획을 시작하려면 '착수 회의'를 열어라.
2. 각 팀원에게 '원-페이저one-pager'를 작성하게 하라.
3. 매주 '스피드 체크'를 실시하라.
4. 지표를 추적하고 성공 여부를 측정하라.
5. 팀의 승리를 축하하라.

비즈니스 대가들은 프로세스를 완료하는 법을 잘 알고 있다. 실행 시스템을 배운다면 당신은 모든 조직에서 필요로 하는 사람, 즉 팀에서 일을 완수할 수 있는 사람으로 변화할 것이다.

착수 회의를 열어라

당신은 마침내 프로젝트를 위임받았다. 이 정도의 책임이 주어지기까지 몇 년을 기다렸다. 이 일을 마치고 나면 조직에서 주목받을 것임을 잘 안다. 연봉이 오르거나 승진하거나, 심지어 부서장에 임명될수 있다. 그렇다면 무슨 일로 프로젝트를 시작해야 할까?

만약 당신이 대부분의 사람들과 같다면 모든 것을 포괄하는 방대한 '할 일 목록'을 만들고, 몇 가지 중요한 목표를 달성하기 위해 다른 이들에게 도움을 요청하겠지만, 모든 것이 제대로 이루어지는지확인하려고 대부분의 무게를 스스로 짊어질 것이다.

몇 주 혹은 몇 달이 지나면 윗사람이 실제로 원하는 것이 무엇인지 모호해지면서 당신의 부서에 작은 위기가 닥친다. 위기관리는 지시받은 프로젝트보다 우선하기 때문에 당신은 일을 잠시 미룰 수밖에 없다.

1년이 지나 한때 그토록 중요했던 프로젝트가 회의에서 언급되면 당신은 우선순위가 높은 다른 일 때문에 프로젝트를 중단했다고소심하게 설명한다. 실망한 윗사람은 마음속으로 당신이 기껏해야중간 관리자급이라고 꼬리표를 단다.

안타깝게도 윗사람의 생각이 옳다. 조직의 최상층에 있는 사람들은 창의적이거나 똑똑하고 열정적이거나 근면할 수도 있고, 그렇지 않을 수도 있다. 하지만 그들 모두는 일을 완료하는 법을 잘 안다.

그렇다면 어떻게 해야 일을 완료할까?

일을 완료하는 방법은 프로젝트를 작은 부분들로 쪼갠 다음 실행 시스템을 사용하여 각 부분을 차례차례 마쳐가는 것이다.

중요한 프로젝트가 출발선에 섰을 때 과업을 어떻게 수행할지 고민하며 직감이나 본능을 믿지 말라. 대신, 몇 가지 일상적인 프로세스와 함께 세심한 체크리스트에 따라 프로젝트가 제시간에 제대로 완료되도록 하라.

착수 회의에서 가장 먼저 해야 할 일은 '프로젝트 범위project scope' 워크시트를 작성하는 것이다. 프로젝트 범위 워크시트에 있는 네 가지 질문은 다음과 같은 사항을 안내한다.

1. **성공에 대한 명확한 관점을 설정한다.** 수행할 작업을 정확하게 정의하라. 성공 여부가 측정 가능한지 확인해야 달성 시점이 언제인지 정확히 알 수 있다.

2. **리더를 배정한다.** 프로젝트의 모든 구성 요소 각각에 리더가 명확하게 배정됐는지 확인하라. 프로젝트 구성 요소들 중 완료되지 않은 것이 있다면 누군가가 책임을 저야한다.

3. **필요한 자원을 규명한다.** 당신과 당신의 팀이 프로젝트를 수행하는 데 필요한 모든 자원을 나열하라. 각각의 자원을 수집할 사람을 지정하라.

4. **주요 이정표milestone가 표시된 일정표를 만든다.** 언제 주요 이정표에 도달할지를 보여주는 일정표를 공공장소에 게시하라.

실행 전략을 구상하는 세션에 팀원들을 참석시킨다면, 회의 한 번으로 네 가지 질문에 모두 답하고 필요한 자료를 작성하라.

회의가 끝나면 프로젝트가 공식적으로 시작했음을 발표해야 한다. 팀원들이 프로젝트가 현실화된 순간을 뇌리에 각인하는 데 도움이 될 것이다. 이제 프로젝트는 더 이상 아이디어나 생각이 아니고 소원이나 꿈도 아니다. 끝까지 추진하리라는 기대를 가지고 출발하는 일이 된다.

여기서 핵심은 우선순위의 모호함을 없애는 것이다. 모든 사람은 각자 프로젝트의 어떤 부분을 직접 책임져야 하는지, 언제 수행해야 하는지, 왜 중요한지를 잘 알아야 한다.

명확성은 헌신의 전제 조건이다. 무엇을, 누가, 언제까지 하는지 명확하게 정해놓지 않으면 프로젝트는 실패하고 만다.

Point !

프로젝트 범위 워크시트를 활용하여 착수 회의를 열어라.

원-페이저One-Pager를 작성하라

프로젝트를 시작한 후 모든 팀원은 부서의 우선순위와 개인의 우선순위를 명확하게 이해해야 한다.

착수 회의가 아무리 성공적으로 이루어졌다고 하더라도 당신과 팀원들에게 우선순위가 흐릿해지는 때가 올 것이고 그 때문에 해야 할 일을 끝내지 못하게 될 수 있다.

실행 시스템의 두 번째 단계는 팀원 각자에게 원-페이저 작성을 지시하는 것이다.

착수 회의를 하며 팀원 각자에게 원-페이저를 작성하게 하는 것이 좋다. 처음에 제대로 작성하지 못할까 걱정하지 말라. 앞으로 문서를 계속해서 발전시키면 된다.

프로젝트가 진척되고 점점 더 많은 과업이 완료됨에 따라 우선순위가 지속적으로 바뀔 것이다.

우리 회사에서는 원-페이저를 크게 인쇄하고 코팅해서 팀원들 각자의 책상 부근에 걸어 둔다. 왜 그래야 할까? 사람들은 매시간 자신의 우선순위를 망각해버리기 때문이다.

전화벨이 울리고 마감 일이 다가오면 뇌는 중요한 것을 기억하는 데 어려움을 겪는다.

각자의 원-페이저 워크시트는 의도적으로 단순하게 쓴다. 당신과 팀원들은 착수 회의에서 결정된 '성공에 대한 명확한 관점'을 검토한 후에 부서의 상위 5개 우선순위와 개인의 상위 5개 우선순위를 설정한다.

모두가 볼 수 있는 곳에 각각의 원-페이저 워크시트를 걸어 두면 팀원들이 서로 우선순위를 꾸준히 분석하고 피드백을 요청할 수 있을 뿐만 아니라 실제로 과업을 달성하도록 모두에게 책임감을 부여할 수 있다.

원한다면 디지털화된 워크시트를 사용해도 무방하지만, 우리 회사에서는 종이를 선호한다. 나는 종이로 만들어 언제든 볼 수 있는 환경을 좋아한다. 그렇게 해야 휴대폰이나 컴퓨터에 띄워 놓은 소프트웨어의 방해없이 항상 무엇에 집중해야 하는지 한눈에 파악할 수 있다.

또한 원-페이저 워크시트를 비닐로 코팅하여 팀원들이 언제든 볼 수 있도록 책상 근처에 걸어 두게 하라. 원-페이저 워크시트 작성이 완료되면 모든 사람은 달성해야 할 구체적인 과업이 무엇인지 알게 되고 그에 책임감을 가진다.

Point !

팀원들에게 개인 및 부서의 우선순위를 설정하도록
원-페이저 워크시트를 작성하게 하라.

원-페이저 워크시트

이름

부서 우선순위

1. _____

2. _____

3. _____

4. _____

5. _____

나의 우선순위

1. _____

2. _____

3. _____

4. _____

5. _____

진행 상황 점검

1. _____

2. _____

3. _____

매주 스피드 체크를 하라

많은 프로젝트가 시작하자마자 바로 꼬꾸라진다. 주로 두 가지 이유 때문이다.

1. 사람들이 다른 중요한 일과 의무에 주의가 산만해진다.
2. 사람들이 새 프로젝트의 세부 사항과 중요성을 망각한다.

프로젝트 시작 시에 결정된 '성공에 대한 명확한 관점'을 달성하려면 업무를 완료하도록 고안된 루틴과 습관을 만들어야 한다. 습관은 행동을 반복해야만 생겨난다.

행동을 습관으로 바꾸려면 팀원 모두가 '스피드 체크'라는 주간 회의에서 자신의 행동과 우선순위를 검토해야 한다. 이 회의가 스피드 체크라 불리는 이유는 빠르게 집중하여 추진력을 유지하도록 고안되었기 때문이다.

스피드 체크는 미식축구 경기의 허들과 사실상 같다. 스피드 체크는 전략 세션이 아니다. 팀원 모두가 지금 어떤 경기를 뛰는가를 잘 알고 있는지, 각자의 역할을 잘 숙지했는지 확인하기 위한 짧은 회의다.

매주 정해진 시간에 스피드 체크를 진행하고, 절대 빼먹지 말라. 스탠딩 미팅 방식을 채택하여 회의가 오래 지속되지 않도록 하는 게 좋다.

필요에 따라 조정이 가능하도록 하려면 팀원 모두가 각자의 원-페이저 워크시트를 지참하고 회의에 참여하는 것이 좋다. 매주 나오는 일상적인 질문의 답변을 팀원 모두가 서면으로 준비했는지 확인하라. 그렇게 준비시키면 회의를 간략하게 진행할 수 있고 향후 필요한 조치 사항이 더 기억에 오래 남는다. 스피드 체크는 다음과 같은 세 가지 검토 사항과 세 가지 질문을 포함해야 한다.

세 가지 검토 사항

1. 해당 프로젝트의 '성공에 대한 명확한 관점' 부분을 읽어라.
2. 부서의 우선순위를 검토하라.
3. 개인의 우선순위를 검토하라.

세 가지 질문

1. "각자 무엇을 했는가?"
2. "다음에 무엇을 할 것인가?"
3. "과업 수행을 방해하는 것은 무엇인가?"

세 번째 질문에서는 어떤 팀원에게 어떤 지원이 필요한지를 묻는다. 리더의 임무 중 하나는 팀원의 과업 수행을 방해하는 요소를 제거하는 것이다.

팀원은 영감을 얻고 방향을 잡았다는 느낌을 받고 회의실을 떠나야 한다. 관리자는 팀원 개개인의 방해 요소를 제거하기 위한 과업 목록을 적은 다음 회의실을 나서야 한다.

스피드 체크는 20분 이상 진행하지 않아야 하기 때문에 서서 하는 것이 가장 좋다. 의자에 앉아서 진행 상황을 살핀다면 회의가 질질 늘어질 것이고 성공에 대한 명확한 관점으로 진전되기가 쉽지 않다.

회의를 빼먹지 않는 것이 중요하다. 회의를 건너뛰면 성공에 대한 명확한 관점을 달성하기가 어렵다. 대면으로 스피드 체크에 참석할 수 없다면 전화로 진행하거나 가상 회의 소프트웨어를 사용해 원격으로 참여하라.

프로젝트가 중요하거나 위기에 처했다면, 매주 한 번이 아니라 매일 스피드 체크를 수행하는 것이 좋다. 너무 자주 만나서 우선순위와 과업이 '늘 동일해' 보인다 해도 괜찮다. 우선순위가 불명확한 상황에 빠지는 경우를 예방하기 때문에 활동 대비 아웃풋 비율은 극적으로 증가한다.

스피드 체크 회의를 열지 않으면 실행 계획이 작동하지 않고 프로젝트나 계획이 중단될 수 있다. 추진력은 반드시 유지돼야 하며, 정기적인 스피드 체크가 그 방법이다.

Point /

**추진력과 책임감을 유지하려면 팀원 모두와 함께
매주 스피드 체크를 하라.**

점수를 기록하라

실행 시스템의 네 번째 요소는 공개 점수판을 만드는 것이다.

사람들에게 자신의 진행 상황을 측정할 방법을 제공하지 않고서 탁월하기를 기대한다면, 그들은 점차 미쳐가며 사기가 떨어질 것이다.

팀원 모두가 게임의 규칙을 잘 이해하고, 승리로 향하는 코칭을 받는다고 느끼며, 공개된 점수판에 자신의 진행 상황을 증명하는 것. 사기를 높이고 팀에 활력을 불어넣는 가장 좋은 방법이다.

이번 주 영업 팀원들 각자가 고객에게 몇 번 전화를 걸기로 계획했으며 실제로 전화를 건 횟수는 얼마인가? 콘텐츠 팀원들은 새 콘텐츠를 작성하는 데 몇 시간을 소요했어야 했나? 고객 서비스 담당자가 응답할 수 있었던 고객 서비스 건수는 얼마였나? 개발 팀원들은 코드 작성을 일주일에 몇 개까지 처리했는가?

점수판을 만들려면 팀원들과 함께 부서의 우선순위를 분석하라. 우선순위가 높은 과업을 반복 가능한 작업들로 세분화하라. 그런 다음, 점수판에는 그 반복 가능한 작업의 달성 여부를 측정하고 기록하라.

"목표를 향한 진행 상황을 어떻게 측정할 것인가?"와 같은 질문은 각 부서가 프로젝트 전체에 대한 주인 의식을 갖도록 하는 매우 중요한 질문이다. 팀원들은 자신들이 평가받는 방식에서 편안함과 함께 신바람을 느껴야 한다.

후행지표를 측정하려는 욕구가 생기더라도 그리 하지 말라. 앞에서 언급했듯이 총 매출, 신규 잠재고객 수, 제품 출하 수 같은 것들이 후행지표다. 일단 총 매출이 집계되고 나면 그 매출을 늘리기 위해 할 수 있는 일은 없다. 너무 늦었기 때문이다.

대신, 선행지표를 측정하라. 선행지표는 팀원이 후행지표에 영향을 미치기 위해 취할 수 있는 조치를 말한다. 후행지표가 매출이라면 선행지표는 총 매출을 발생시키는 데 기여하는 영업 전화 횟수가 된다. 따라서 점수판에는 매출이 아니라 영업 전화 횟수를 기록하라.

팀원의 스피드 체크 워크시트에서 선행지표를 한두 개 정도 측정하는 것은 괜찮지만 3개 이상을 측정하지 않도록 주의하라. 너무 많은 지표를 측정하면 팀원들은 반복 가능한 작업들 중 어떤 것이 진정으로 중요한지 알기 어렵다. 가장 중요한 작업들은 해당 부서의 전체 목표에 직접적인 영향을 미친다.

매주 스피드 체크 때 점수판을 간단히 검토해야 한다. 이 작업은 몇 초밖에 걸리지 않는다. 점수를 평가한 후, 점수를 높이려면 부서 내에서 예전과 다르게 조치할 것이 무엇인지 살펴라.

팀원들에게 지금 상황이 어떤지를 알려주지 않으면 사기가 떨어지고 만다. 짙은 안개 속을 달리는 것을 좋아하는 사람은 없다. 눈에 확연히 보이는 목표 지점을 앞에 두고서 자신이 어디에 있으며 얼마나 빨리 가는 중인지 알고 싶어 한다.

영업 전화 횟수	400건 완료
점심 미팅 횟수	6회 완료

다시 말하지만, 팀원들에게 진행 상황을 측정하기 위한 점수판을 제시하는 건 생산성과 팀원들의 전반적인 만족도를 동시에 높일 수 있다.

Point /

팀원 모두가 부서의 실적을 알 수 있도록

맞춤형으로 점수판을 만들라.

팀의 승리를 축하하라

실행 시스템을 이끌려면 팀의 승리를 축하하고 가치 지향 전문가로의 변신을 인정하는 것이 중요하다.

승리를 축하하는 루틴을 만드는 것이 팀 성공의 핵심이다.

애석하게도 경쟁적인 리더들 상당수는 승리를 인지하지 못한다.

그 이유는 이해가 된다. 승리에 너무나 매료되어 축하하는 데 시간을 낭비하면 다음 도전 과제로 넘어가기 어렵다고 생각하기 때문이다. 하지만 대부분의 팀원은 스스로 동기를 불어넣지 못한다. 누군가에게 인정을 받을 필요가 있다. 권위 있는 자로부터 "그 승리야말로 진정한 승리다"라는 말을 들어야 한다.

대부분의 영화 끝에는 '변신에 대한 인정'이라 불리는 장면이 있다. 이 장면에는 가이드와 주인공이 등장한다. 목표를 달성하기 위해 온갖 도전을 극복한 주인공에게 가이드는 축하의 말을 전한다. "당신은 새롭게 태어났다. 이제 다른 사람이 됐다. 더 강하고, 더 똑똑하고, 더 유능한 사람이 됐다. 축하한다. 당신이 해냈다!"

요다와 오비완은 루크에게 다가와 그를 인정한다. 〈킹스 스피치〉에서 코치인 라이오넬은 조지 6세에게 당신은 위대한 왕이라고 말한다. 〈베스트 키드〉에서 미야키는 다니엘을 진정한 챔피언으로 인정한다.

개인의 성공을 축하하는 것은 그가 새로운 사람으로 변해 더 강하고 더 유능해졌음을 알리는 방법이다. 직원의 역량을 개발하고자 한다면 승리를 축하하는 것은 매우 중요하고 필수적인 루틴이다.

승리를 축하하려면 다음과 같이 해야 한다.

1. 승리를 인지하라.
2. 승리를 기념하라.
3. 담당자를 인정하라.

첫째, 승리를 인지하는 것부터 시작해야 한다. 그러려면 점수판을 잘 활용해야 한다. 점수판에 적힌 목표치를 초과하는 것이 바로 승리다.

둘째, 그런 승리를 기념해야 한다. 물론 축하의 수준은 성공의 크기에 비례해야 한다. 팀원이 주간 목표를 달성하면 하이 파이브를 나누는 것으로 충분하지만, 회사 전체의 월간 목표를 달성하면 점심 회식, 케이크, 해피 아워happy hour(주로 금요일 오후에 일찍 일과를 마치고 직원들이 모여 다과를 즐기며 소통하는 가벼운 이벤트—옮긴이) 등으로 축하해야 한다.

하지만 리더는 구두로 축하의 마음을 전달해야 한다. 팀원들은 리더의 마음을 읽지 못한다. 점심시간에 자리에서 일어나 무엇을 축하하는지 모두에게 알리는 것이 중요하다. 그렇게 하지 않으면 축하 자리를 마련하더라도 팀원들의 사기를 높이고 사고방식을 바꾸는 데 별로 도움이 되지 않는다.

셋째, 승리에 직접 기여한 담당자를 구체적으로 인정해야 한다. 이는 영웅의 눈을 바라보고 그들의 변신을 확인할 기회다. 그들은 예전보다 더 강해졌고 더 똑똑해졌으며 더 유능해졌다. 그들이 새로운 사람으로 변화했고 팀에 더 가치 있는 존재가 되었음을 알려라.

승리하지 않은 것을 축하하지 않도록 주의하라. 어려운 목표에 근접했다는 것만으로도 축하하고 싶은 마음이 들 수 있겠지만, 그렇게 하면 축하의 진정성이 약해진다. 목표를 달성하지 못해 실망하는 것 역시 인생의 중요한 부분이다. 팀원을 기쁘게 하는 데 초점을 맞추면 승리할 뻔한 것들을 치하하고 지지하고 싶겠지만, 그런 축하는 팀의 발전에 별로 도움이 되지 않는다.

이기고 지는 것의 차이를 느낀다면 승리의 달콤함이 훨씬 강해진다. 진정한 승리를 축하하려면 축하를 아껴라.

승리를 축하하고 실망스러운 성과에서 배운다면 팀은 끊임없이 발전할 것이다. 우리는 게임을 즐기고 게임에서 이기기를 좋아한다. 점수를 기록하면서 승리를 축하하면 팀원들은 재미를 느끼고 생산적이고 혁신적으로 일하게 된다.

Point /

승리를 인지하고 기념하며 담당자를 인정함으로써 승리를 축하하라. 그러면 사기가 오르고 성과가 향상할 것이다.

마치며

이 책을 구입했을 때(혹은 선물받았을 때) 단순한 비즈니스 개론서라고 생각했을지 모른다. 하지만 이 책은 그 이상이다. 여기에는 여지껏 누구도 받아보지 않은 비즈니스 교육을 담았다.

다 읽었다면 당신은 가치 지향 전문가가 되기 위해 필요한 업무 알고리즘을 모두 배운 셈이다. 더 나은 가치 지향 전문가가 되고 싶다면 이 책을 처음부터 다시 읽으라(아니면 공인된 코치를 고용하라). 배운 내용을 실전에서 더 많이 발휘할수록 당신이 자유 시장에서 더 많은 경제적 가치를 얻을 거라고 약속한다.

많은 사람들이 대학에 다니기 위해 연간 5만 달러를 지불할 뿐만 아니라, 막대한 부채를 떠안고 대학을 졸업하는 바람에 30대가 될 때까지 내 집 마련은 꿈도 꾸지 못한다(수십 년간 꼬박 모아야 집을 살 수 있다). 생활비에 부담을 느끼다가 불과 십수 년만에 늘어난 부채에 허덕이며 산다는 것은 슬픈 일이다.

교육으로 인해 경제적 성공이나 자유가 희생돼서는 안 된다. 나는 당신이 이 책의 내용을 마스터한다면 엄청난 가치를 지닌 사람이 될 거라고 믿는다. 시장이 원하는 사람이 되려고 굳이 비싼 교육을 받으며 부채를 짊어질 필요는 없다.

학습과 개발의 문화를 주도하는 데 이 책을 활용하라.

팀원들에게 이 책을 선물하고 BusinessMadeSimple.com/daily에서 가치 지향 전문가들이 제공하는 조언을 함께 누려라. 이 책을 신규 입사자를 위한 오리엔테이션 교재로 사용해도 된다.

가치 지향 전문가가 된 것을 축하한다. 당신은 시장에서 오랫동안 기다려온 사람이다. 이제 그 지식을 세상의 문제를 해결하는 데 사용하기 바란다.

감사의 말

비즈니스 메이드 심플처럼 뛰어난 팀이 없었다면 이 책은 세상에 나오지 못했을 것이다. 우리가 만드는 교육으로 수만 개 기업이 더 많은 일을 수행하고, 수익을 늘리며, 더 많은 사람들에게 더 나은 일자리를 제공하게 됐다는 사실을, 우리 팀은 매일 깨닫고 있다.

우리 회사가 제공하는 서비스의 가격은 대학 등록금보다 훨씬 저렴하지만 대학의 교육 과정과 기업의 교육 시스템을 뛰어넘는 가치를 가진다. 이런 가치를 많은 사람들에게 전달할 수 있음에 진심으로 감사함을 느낀다.

특히 이 책에 많은 도움을 준 콘텐츠 팀 동료인 쿨라 캘러핸, JJ 피터슨 박사, 더그 카임에게 감사를 전한다. 하퍼콜린스 리더십 출판사의 발행인 및 편집자들과의 관계는 내게 매우 소중하다. 이 책을 주의 깊게 편집해준 사라 켄드릭과 제프 파를 비롯하여 나의 이야기를 멋진 책으로 만들어준 많은 분들께 감사 인사를 전하고 싶다.

마지막으로, 자신과 팀의 발전에 많은 관심을 갖고 이 책을 읽은 당신께 감사한다. 우리는 비즈니스 성장에 필요한 간단한 지식이 수만 달러를 요구하는 기관들 뒤에 있어서는 안 된다고 믿는다. 전 세계의 셀 수 없을 정도로 많은 성공적인 비즈니스는 빈곤 퇴치의 가장 큰 도구다.

당신이 없으면 세상은 고통을 겪을 것이다.

당신 비즈니스의 성공을 기원한다.

지은이 **도널드 밀러**

@donaldmiller

도널드 밀러는 마케팅 컨설팅 업체 스토리브랜드StoryBrand의 창립자
이자 아마존 베스트셀러 종합 1위에 오른 작가이며, 온라인 비즈니
스 플랫폼인 비즈니스메이드심플Business Made Simple의 CEO이다. 인
텔, 팬틴, 켄 블랜차드 컴퍼니 등 매년 3000명이 넘는 비즈니스 리더
에게 영감을 주고 있다.

『무기가 되는 스토리』『무기가 되는 시스템』으로 전 세계 마케터와
경영자의 열렬한 지지를 받았다. 팟캐스트 〈비즈니스메이드심플 위
드 도널드 밀러Business Made Simple with Donald Miller〉의 공동 진행자로
서 비즈니스 운영에 대한 조언을 매주 들려주고 있다.

옮긴이 **유정식**

포항공과대학교 산업경영공학과를 졸업하고 연세대학교에서 경영
학 석사 학위를 받았다. 인사 및 전략 전문 컨설팅 회사인 인퓨처컨
설팅을 설립해 현재 대표를 맡고 있으며 시나리오 플래닝, HR 전략,
경영 전략, 문제 해결력 등을 주제로 국내 유수 기업과 공공기관을
대상으로 컨설팅과 교육을 진행하고 있다. 지은 책으로 『나의 첫 경
영어 수업』『착각하는 CEO』『당신들은 늘 착각 속에 산다』『전략가
의 시나리오』『경영, 과학에게 길을 묻다』등이 있고, 옮긴 책으로 『순
서 파괴』『최강 기업의 탄생』『최고의 팀은 왜 기본에 충실한가』『하
이 아웃풋 매니지먼트』『피터 드러커의 최고의 질문』『에어비앤비
스토리』『당신은 사업가입니까』『디맨드』등이 있다.

무기가 되는 알고리즘
조직을 구하는 리더의 60일 업무 프로세스

펴낸날 초판 1쇄 2024년 4월 15일

지은이 도널드 밀러

옮긴이 유정식

펴낸이 이주애, 홍영완

편집장 최혜리

편집3팀 이소연, 장종철, 강민우

편집 양혜영, 문주영, 박효주, 한수정, 김하영, 홍은비, 김혜원, 이정미

디자인 박소현, 김주연, 기조숙, 윤소정, 박정원

마케팅 김태윤, 김민준

홍보 김준영, 김철, 정혜인, 백지혜

해외기획 정미현

경영지원 박소현

펴낸곳 (주)월북 **출판등록** 제2006-000017호

주소 10881 경기도 파주시 광인사길 217

홈페이지 willbookspub.com **전화** 031-955-3777 **팩스** 031-955-3778

블로그 blog.naver.com/willbooks **포스트** post.naver.com/willbooks

트위터 @onwillbooks **인스타그램** @willbooks_pub

ISBN 979-11-5581-686-8 03320